婚姻新思维

构建强大关系

姚柳——著

华中科技大学出版社
http://press.hust.edu.cn
中国·武汉

图书在版编目(CIP)数据

婚姻新思维:构建强大关系/姚柳著. -- 武汉:华中科技大学出版社,2024.10. -- ISBN 978-7-5772-1275-3

Ⅰ. C913.11

中国国家版本馆 CIP 数据核字第 2024W6T902 号

婚姻新思维:构建强大关系　　　　　　　　　　　　　　姚柳　著
Hunyin Xinsiwei: Goujian Qiangda Guanxi

策划编辑:饶　静
责任编辑:饶　静
封面设计:琥珀视觉
责任校对:刘　竣
责任监印:朱　玢
出版发行:华中科技大学出版社(中国·武汉)　　电话:(027)81321913
　　　　　武汉市东湖新技术开发区华工科技园　　邮编:430223
录　　排:孙雅丽
印　　刷:湖北新华印务有限公司
开　　本:880mm×1230mm　1/32
印　　张:6.5
字　　数:135千字
版　　次:2024年10月第1版第1次印刷
定　　价:59.80元

本书若有印装质量问题,请向出版社营销中心调换
全国免费服务热线:400-6679-118　　竭诚为您服务
版权所有　　侵权必究

《婚姻新思维：构建强大关系》这本书呈现的是婚姻里的事实，也是作者姚柳，一个女人十几年的经历。

　　它很像一个人多年的从业总结。作者姚柳在伴侣关系领域从业多年，她为别人的婚姻关系"诊脉"；执笔此书时，她又开始翻越人性这座山。

　　一个人初入婚姻，心里何尝不是充满了期盼？所以可能会去纠缠和索取。随着年龄和阅历的增长，感情或许不再如胶似漆，这不是感情开始变质，而是人性开始显现。所以在本书的第一章作者就点出：婚姻只改变人的身份状态，却掩盖不了人的本性。

　　我是一个非常信奉"专业主义"的人，我认为能对婚姻问题"诊脉"的人，一定是拥有10年以上相关工作经验的人。这不是刻板印象，而是我相信婚姻里的通用经验是可以被量化的，没有成百上千的案例摆在眼前，你如何对人性进行归纳，然后再梳理出顺应人性的方式方法？

能量化感情经验的人,首先要有从情绪的迷雾中脱离出来的能力。

读完此书,我发现作者姚柳没有用虚无的观念去模糊婚姻的本质,而是提供了极好的细节和维度,让还在两性迷宫中迷失的人可以找到出路。

如果你是一个"恋爱脑"的人,那你首先要学的,是洞悉人性,你要先学会养成"婚姻脑"。当你不再纠结于伴侣到底爱不爱自己后,你才能看出作者写这本书的诚意。

作者姚柳的个人经历十分丰富,连续7年担任《调解面对面》的媒体评论员,在自媒体领域也是做得风生水起,现在出书了还特意打电话给我,让我帮着写篇序。

我对婚姻一直保持乐观的态度。在我看来,夫妻间的感情想要长久,需要翻过一座座陡峭的山。你经历着山路的崎岖,也享受着沿途的风景,发现无数让人惊喜的瞬间。这些惊喜的瞬间放在一起,也就凑成了长长久久的日子。

愿你喜欢书里传达的理念。懂婚姻的人才能拥有好的婚姻。

武汉大学社会学院教授
周运清

作为湖北省婚姻家庭研究会会长,我看过的婚姻问题相关案例不胜枚举,无数人对婚姻感到困惑,无数人苦于寻找解决方案而无果。读这本书之前,以我对姚柳的了解,她作为一名资深的媒体人,多年参加婚姻情感调解节目,讲的应该都是些婚姻内耗的琐碎,故对本书没抱太大期待。但通篇读下来,我反而像在看一本成熟的婚姻工具书。她提出,要把婚姻当作创业项目,用管理思维去经营,讲得细致也实用。不经意间,我也落笔好多处,记下一些笔记和观点。我想,这背后的执笔者,一定是个有着丰富经历的记录者。书里的每一个案例都真实鲜活,分享的观点也拥有独特的视角。从她的文字中,我们可以看出她对待婚姻的态度:不情绪化,不强求,不神化,不悲观。

假如你已经身处婚姻关系中,期盼过与伴侣朝朝暮暮,现在却不那么确信,建议你抽时间来读读这本清醒且诚恳的作品。

湖北省婚姻家庭研究会深入研究两性关系多年，在这个过程中，我们发现99%以上的情侣由于个人成长背景迥异，因而在观念和相处模式上无法融合。我们还发现，能将婚姻过得长久的那一拨人，都是懂得将婚后的所有经历当成养料，双方愿意共同修习，秉持"合作"理念坦诚相待的人。这本书里所讲的如何用经营企业的思维来经营婚姻，我相信对每一位已走进婚姻，或即将走进婚姻的人，都有参考价值。

　　初读本书时，我认为倡导将婚姻这种亲密关系进行企业化管理未免显得不近人情。然而转念一想，高喊爱与自由，不见得能解决两性关系中所有的实际问题，不如用些更有实操性的方法，去抵御婚姻的风险，加强婚姻的稳定性，这何尝不是一种长相守的浪漫主义？

　　姚柳说："婚姻里要讲义气，有借有还是江湖规矩，有来有往才能稳住婚姻里的天平。"

　　对于已婚夫妻双方来说，大多想要踏实地过日子，可一旦爆发激烈的争吵，感情出现危机，两个人就很容易意气用事，两个人的关系难免会陷入困境。但如果如书中所言"讲义气"，情绪或许会更快地消退，意气用事的频率也会明显减少。我们需要提前看透婚姻不是用来体验的，而是用来经历的，从而选择更优的方法解决婚姻中的问题。

　　在我看来，这本书既充满理性的色彩，也是感性的慰藉。你既是经营婚姻关系的"企业合伙人"，也是受益终生的幸福"勇者",一切都取决于你如何去看待。

感谢作者的见识与观点、单刀直入的归纳。作为湖北省婚姻家庭研究会会长,阅读更多有关婚姻和两性关系的书籍,是我终生的功课。我希望更多人能看到这本书,也希望你我都能用更好的方式去呵护并疗愈婚姻关系中的爱人和自己。

湖北省婚姻家庭研究会会长
张妍

在婚姻的旅途中,每一位行者都带着对幸福的向往与对未知的忐忑。《婚姻新思维:构建强大关系》不仅是一盏指路明灯,更是一份深刻的思考指南,引导我们理解婚姻的复杂性与美好的可能性。作者姚柳深入探讨了婚姻的多重维度,包括人性的理解、情感的经营、关系的维护、战略的制定、金钱的管理、技巧的运用、实践的深化以及挑战的应对。通过对这些主题的细致分析,本书为读者提供了一幅关于婚姻生活全貌的详尽图景。

作为一名婚姻与家庭治疗领域的学者和实践者,我深感本书与婚姻家庭领域的经典理论有着诸多契合之处。

比如,书中对于婚姻中沟通技巧的强调,与约翰·戈特曼的研究相一致。约翰·戈特曼通过观察夫妻间的交流模式,发现积极沟通是提高婚姻满意度和稳定性的关键因素。本书提供的沟通策略,无疑为夫妻间的积极互动提供了实用的指导。

另外，在关系维护的篇章中，作者讨论了沟通的艺术和解决冲突的策略，这与婚姻治疗中的"沟通技巧训练"和"冲突解决"技术有着直接的联系。通过有效的沟通，夫妻能够更好地理解彼此的需求和期望，从而减少误解和矛盾。

在挑战应对方面，作者亦直面了婚姻中可能遇到的重大问题，如出轨和婆媳关系等，并提供了积极的应对策略。这与婚姻家庭治疗中的问题解决疗法相契合。该疗法认为，通过明确问题、探索解决方案和采取行动，可以有效地解决婚姻中的问题。

好的婚姻，是人生旅途中的温暖港湾，不仅能够给予我们情感上的慰藉和支持，还能在精神上给予我们力量和鼓励。我常常会遇到在亲密关系中受挫的伴侣们，他们会下意识地问我，这个人是不是对的那个人。其实，在进入婚姻之前，婚姻可能只是一道选择题，但是在进入婚姻之后，却是一道闯关题，同行的队友是否合适很重要。而更重要的是，你有没有树立起闯关的决心和意识，有没有制定好闯关的策略。

《婚姻新思维：构建强大关系》是一本不仅适合准备步入婚姻殿堂的新人，也适合那些希望深化婚姻关系、解决婚姻问题的夫妻阅读的书。它不仅是一本书，更是一次心灵的对话，一次对婚姻深层次理解的旅程。愿每一位读者都能从中获得启示，让自己的婚姻生活更加丰富多彩，更加有意义。

祝愿每一位读者，都能在婚姻的旅途中，遇见更好的自己，携手伴侣，共同创造一个充满爱与理解的世界。

华中师范大学心理学院教授
刘勤学

自序

我是姚柳，在我身上有很多标签——创业者、女性、母亲、媒体人、心理学研究者，每一个标签都是这本书产生的契机。感谢我如此多的身份，让我有机会接触到那么多鲜活的婚姻案例。我在工作中思考，我在面对无数婚姻关系时与人性对话，积攒了足够多的案例和体悟后，我一步步搭建起今天的"姚柳伴侣关系研究院"。

我在和两性关系打交道的这十几年里，细细观察每一对情侣和夫妻。有时，看似矛盾的两个人，站在各自的立场上，其实都没有问题。于是这么多年，我接触越多，越觉得婚姻这件事的新鲜。

迈入40岁后，待看过了近千对夫妻的典型案例，婚姻对我来说就像是对人生、对自我、对时间的一个内在整理过程。于是我将多年来看过的、悟出的观点总结出来，将有用的方法呈现出来，这就是本书的由来。

我出生在一个极其普通的家庭，2003年上大学后，我用两年时间自学了后来对我的职业生涯至关重要的速记。随后，我就开启了首次创业的冒险，有拿得出手的成绩，也曾债务压身，终于在28岁实现了财务自由。

从2011年起，我连续7年担任湖北卫视《调解面对面》的媒体评论员，和数千名女性面对面聊婚姻。我的阅历在倾听他人的故事中慢慢积累，经验在数千次调解中得以归纳总结，我逐渐看清婚姻的底色，并在7年时间内不断更新对婚姻的认知。那个时候我就隐隐觉得，两性关系十分具有书写的价值。

2018年，我开通微信公众号，记录这些丰富的故事。2023年，我开始进军短视频领域，带领团队仅用87天就进入全国情感赛道前三名，仅用92天就创下短视频全网播放量过亿次的成绩。短视频的成功让我看到背后巨大的需求，"姚柳伴侣关系研究院"也应运而生。

成立"姚柳伴侣关系研究院"后，我和团队成员在2023年曾加过无数次班，收到的每一条消息的背后，都有一位因婚姻情感问题而备受困扰的人。我们在对案主一次次的分析和劝解中，找到了经营好婚姻关系的路径。在本书中，我将它们总结出来，希望更多人能认清婚姻的真相，为建立好的婚姻关系而付诸行动。

多年来，我深入每一位案主的故事中，持续地发现人的丰富性。有的人在婚姻中感觉越活越单调，越活越狭隘。我无法为所有的婚姻问题提供"解药"，但是我希望能用自己十几年的经验,给大家带来一些启发。

周国平老师说:"我不相信一切所谓人生导师。在这个没有上帝的世界上,谁敢说自己已经贯通一切歧路和绝境,因而不再困惑,也不再需要寻找了?至于我,我将永远困惑,也永远寻找。困惑是我的诚实,寻找是我的勇敢。"这些年来,我直面无数婚姻关系,与当事人沟通,或让对方对婚姻的看法有所改变,或让对方的家庭关系得到巩固,更重要的是,我链接了越来越多的女性,她们愿意和我一起在亲密关系中共修。

在遇到难以解决的婚姻问题时,希望你能拿起这本书看一看,如果认可其中的观点,那就运用起来。让自己成为两性关系中更为清醒的那一方,你会更容易获得幸福。

我是姚柳,希望写到这里,能让你有兴趣翻开这本书,能让你对婚姻产生些许期盼,勇敢地向前走去。

目录

第一章　知人性
——婚姻这件事，绕不开人性

1. 婚姻里的自私　/3
2. 养成"婚姻脑"　/7
3. 这些两性差异，你要知道　/14
4. 成为命运共同体　/20
5. 好的婚姻，是一次"拼家底"的合作　/28
6. 无惧婚姻的不确定性　/35

第二章　知情感
——婚姻百态，逃不过七情六欲

1. 拥有爱的能力很重要　/43
2. 爱与不满是共生体　/47
3. 无性婚姻并不可怕　/53
4. 利用好承诺的积极意义　/59
5. 有伴侣还觉得孤独，正常吗？　/64
6. 吵架输赢不重要，爱才重要　/69

第三章 知战略
——我们都应该成长为婚姻里的CEO

1. 与父母的婚恋观不同，怎么办？ /77
2. 经营婚姻至少需要设计两张图 /80
3. 在婚姻里，争输赢不如"双赢" /85
4. 经营婚姻，需要一点经济思维 /89
5. 你敢不敢领导你的婚姻？ /94

第四章 知金钱
——婚姻里，怎么谈钱不伤感情？

1. 你敢和伴侣谈钱吗？ /101
2. 金钱观不同，婚姻还能继续吗？ /106
3. 你的婚姻是哪种管钱模式？ /111
4. 彩礼的那些事儿 /115

第五章 知技巧
——如何选择好的结婚对象？

1. 用等价原则，找到好爱人 /121
2. 如何判断恋人是否适合结婚 /124
3. 谈谈分手这件事 /130
4. 再婚人群的自我修养 /133

第六章 知实践
——塑造"顶配"婚姻,让你爱的人更爱你

1. "丧偶式育儿"的痛 /139
2. 相爱容易,相守很难? /143
3. 如何让性变得更有爱? /149
4. 请学会"打直球" /153
5. 撒娇女人真好命? /159

第七章 知挑战
——走出亲密困境,你的婚姻没有那么脆弱

1. 如何应对伴侣出轨? /166
2. 婆媳关系大有学问 /170
3. 日子过不下去,就该离婚吗? /174
4. 到底是你变了,还是对方变了? /181

第一章 CHAPTER 1

知人性

——婚姻这件事，绕不开人性

第一章 知人性——婚姻这件事,绕不开人性

1. 婚姻里的自私

我的一位学员曾向我讲述她与老公之间的故事。

Melody和她老公是在毕业季的某次招聘会上认识的,彼时两人刚出象牙塔,一个青春靓丽,一个朝气蓬勃,他们几乎是一见钟情,很快坠入爱河。三年后两人结婚,组建了家庭,婚后育有一儿一女,如今大儿子刚上高中,小女儿上小学二年级。

Melody第一次上我的课时42岁,课后咨询中她讲述了婚姻生活中遇到的一次沉重打击。

有一年,她远在家乡的母亲突发重病,父亲身体又不好,为方便照料母亲,她把母亲接到自己所在的城市住院。

人到中年,照顾父母和家庭都是重任,Melody有信心,觉得老公一定能在这个时候帮她分担压力。母亲住院的半个月期间,她把接送女儿、做家务的活都交给了老公,自己白天上班,晚上去医院看护,大概三四天回家拿一次换洗衣物。

等到接母亲出院回家的那天，Melody发现家里乱糟糟的，洗衣篓里堆满了脏衣服，厨房洗碗池里没刷的锅碗瓢盆散发着酸臭味，垃圾桶边还散落着几个外卖袋子。女儿班主任打来电话说女儿最近迟到两次，希望家长能注意时间安排。

她气不打一处来，半个月的疲惫也挡不住她心头的怒火，就跟老公吵了起来："就这么几天而已，你怎么连家里的小事都不能替我做好？"

老公辩驳了几句，结果两人越吵越凶，老公留下一句："家又不是我一个人的，凭什么你不做还要抱怨我，你真自私！"就摔门而出。

Melody呆住了，回想起十几年间自己为这个家所做的一切，忍不住当着母亲的面哭了出来。

"家务活平时都是我在做，带娃的事情也是我分担得更多，虽然我平时也有怨气，但只要他不添乱，吵一吵也就过去了。这次我真的太伤心了。这段时间的家务活可以说他几乎没做，我没求他做得多好，可他说的话太伤人了，我无法原谅，更自私的难道不是他吗？"

面对这样一个满心疑惑又委屈的女人，我不忍心说出我的答案。

在婚姻关系中，有时候你觉得自己在做出"自我牺牲"，伴侣却可能并不领情。你付出越多，时间越久，对方有可能越是觉得理所当然。

在感情里，自私是经常被拿出来攻击对方的一种罪名，但大部分人对自私的理解其实都不够全面，以至于把它当作纯粹的贬义词来使用。从广义上说，自私是指一个人从自身角度出发产生的想法和行为。心理学家马斯洛曾提出一个概念——"健康的自私"。他认为，"健康的自私"能帮助一个人更好地实现自我成长。我们也可以理解为，"健康的自私"是一种自爱，是一种拥有良好自尊的表现。表现出"健康的自私"的人，往往有不情愿毫无理由地做出牺牲的特质。

相对应地，以爱之名进行道德绑架、为了自己的利益而不顾他人的利益，这些都可以归为"不健康的自私"。

在Melody的婚姻中，她和老公都存在"不健康的自私"的行为。

Melody的老公享受了伴侣的付出，却把这一切都当成理所当然，在伴侣需要帮助时无法很好地伸出援手，还觉得自己委屈；Melody也没有意识到，她的付出其实是期待得到回应的，当得不到回应时，她的第一反应是指责。最终，两人都认为对方很自私。

稻盛和夫是日本著名的企业家，他曾提出过一个非常有名的经营理念：经营者要有"利他"之心。

"利他"这个词的意思很简单，即"有利于他人"，就是先人后己，优先考虑"为他人"，把"为自己"放在后面。

乍一看，这句话好像是在要求一个人违背人性中自私的一面，实际上却是稻盛和夫得出的一种管理经验——通过"利他"之心来保障员工的福利，最终能给公司带来更多的收益。

如果把婚姻当作一个小型公司来看的话，"利他"思维也一样好用。比如，老婆贴心帮老公解决失眠问题，在让老公拥有好的睡眠的同时，也能避免枕边人的失眠影响自己的睡眠状态；情人节到了，老公买花送老婆，除了能向老婆表达爱意，也能避免老婆没收到礼物不开心而找自己麻烦。

在某种意义上，可以说"利他"最终也是一种"利己"，只要用好了，于他人，于自己，都是一种"双赢"。

结合马斯洛的看法，我们可以发现，"利他"也是"健康的自私"的一种表现形式。在婚姻里，我们不必时刻强调对方的自私，可以多想一想自私背后的心理动机，分析对方，也反思自己，在这个过程中加深对彼此的了解，才更有助于经营好一段关系。

2. 养成"婚姻脑"

近几年，网络上对"恋爱脑"的评价多是负面的。曾经有一个女孩分享跟伴侣吵架的帖子，评论里的高赞回复是：这都能忍，求求你不要"恋爱脑"了。

大家会这么说也不难理解，现实生活中有不少人吃够了爱情的苦，好不容易想明白，看到还在爱情里挣扎的人，难免救人心切。

主动选择单身的人大概率已经想明白，自己现阶段不想要亲密关系，但对于期待体验爱情或者已婚的人来说，指责他们"恋爱脑"并不能提供有效帮助，反而会让人陷入自我怀疑，变得更加迷茫。

我认为，如果你想拥有一段良性的亲密关系，摆脱"恋爱脑"不是最重要的，最重要的是长点"婚姻脑"。

什么是"婚姻脑"？它不是说要把婚姻作为人生唯一的目标，而是说我们应该对婚姻有更本质、更全面的认知，养成一种把婚姻当作长期项目来运营的理性心态。理性和感性并存，"婚姻脑"和"恋爱脑"一起发力，才能经营好一段婚姻。

养成"婚姻脑"的第一步：
看清爱情的真相

　　自人类诞生，开始群居生活之后，经历过多种"家庭模式"。但不管是哪种"家庭模式"，缔结婚姻、组建家庭最基础的功能都是为了繁衍后代和保护财产。进入现代社会，婚姻依然是一种有诸多社会共识的生活机制，虽然各国的法律有所不同，但与婚姻有关的法律条款都对财产和后代养育做出了详细的规定。婚姻是一种更客观的存在。

　　相较而言，"爱情"这个概念则出现较晚，并且更为主观，每个人对它都有不同的感受和定义。有人笃信真爱无敌，可战胜一切，有人认为爱情只是生活的调味料。那么，到底什么是爱情呢？

　　英国著名学者理查德·道金斯曾写过一部作品《自私的基因》，豆瓣上有一条评论是这么说的：新人结婚的时候，不应该将手搭着《圣经》说无论贫穷富贵、健康疾病都至死相伴，而是把手放在《进化心理学》和《自私的基因》这两本书上宣誓：我将违背我的天性，忤逆我的本能，永远爱你。

　　这是我看过最浪漫也最有冲击力的结婚誓言，因为它站在生物学和进化论的角度一语道破人性：对爱情忠诚不是人类的本能，白头偕老更多靠的是道德的约束和个人的努力。

"忠贞不渝"的爱情滤镜碎掉之后,"婚姻脑"的基础就打好了一半。接下来,我们就从心理学角度重塑你对爱情的认知。

美国心理学家斯滕伯格曾提出爱情三角理论。他认为组成爱情的三个基础要素分别是激情、亲密、承诺。激情与性欲相关,是情绪上的着迷;亲密指关系中的温暖体验;承诺则是对关系的担保。把这三个要素放在三角形的三个角上,整个模型能搭建出七种爱情模式。

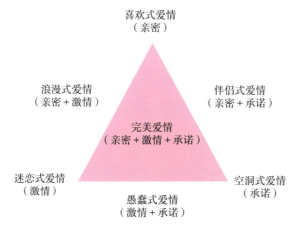

斯滕伯格的爱情三角理论

喜欢式爱情:只有亲密,两个人在一起感觉舒服,但缺乏激情,也不会去承诺,更像是一种友谊。

迷恋式爱情:只有激情体验,认为对方很有吸引力,但对对方了解不多,也没想过未来,如初恋般青涩。

空洞式爱情:只有承诺,两个人有点像搭伙过日子,感情看似丰满，其实缺乏足够的精神支撑。

浪漫式爱情：只有亲密与激情，只在乎过程，不在乎结果。

伴侣式爱情：失去激情，但亲密还在。

愚蠢式爱情：只有激情和承诺，没有亲密关系。

完美爱情：一种理想状态，更接近纯粹的真爱。

在斯滕伯格眼中，只有"完美爱情"才是爱情。其实大部分人的爱情，往往始于浪漫式爱情或喜欢式爱情，最终逐渐走向伴侣式爱情。

这套爱情三角理论最大的作用，是可以帮助迷失在亲密关系中的痴情人，快速找到答案，并且明白哪一种才是自己真正想要的爱。

当你把"爱情"请下神坛，不再问"他/她到底爱不爱我"，你就无限接近了爱情的真相，"婚姻脑"的基础也终于夯实。

养成"婚姻脑"的第二步：
明确婚姻的好处和风险

接下来，我们来系统了解一下婚姻作为一种社会制度的好处和风险。

从领结婚证的那一刻开始，你的人生"战场"上从此就多了一个合法"战友",可以带来一定好处。

首先,好的婚姻能更好地提高分工合作的效益,通过合理规划双方的生活和工作,实现"1+1＞2"的"双赢"。同时,如果对方背叛了你们之间的感情,道德和法律都将站在你这边;当婚姻出现矛盾,身边的朋友和亲人大概率也会帮忙出谋划策,想办法维护这段关系的稳定。

其次,两个人通力合作往往要比单打独斗带来的效果好,拥有一段好的婚姻也能更好地抵御人生风险,不管是经济上的,还是情感上的。

最后,婚姻也是所有关系里最能让你认识自我的途径。婚姻关系往往能让一个人内心最深处的秘密显现,如果想要深度了解自己,就不要错过关系里的任何细节。

正如一个硬币有两面,在享受婚姻带来的好处的同时,你可能也得放弃一部分自我权利,牺牲掉一部分自由,接受情感可能走向破裂的风险。好的婚姻一定是一项性价比极高的投资,如果你发现自己获得的好处远远小于风险时,就要重新考虑这段婚姻对自己的意义。

当"婚姻脑"足够强大，"恋爱脑"也能派上用场

辨明本质、分清利弊之后，接下来就是制定适合你的婚姻经营计划，并确保顺利执行。

在工作中，有一个被频繁使用的管理方法，叫目标与关键成果法。这个方法的适应范围很广，大到长久的婚姻目标，小到生活中的具体事务，它都可以帮你理出头绪。

举个简单的例子，很多伴侣都会吵架，但我发现很多人经常围绕一件事情吵来吵去却总是吵不明白。如果引入目标与关键成果法，对吵架进行管理，设定目标，就能跳出"乱吵"的困境，解决吵架背后的问题。

比如，你可以把目标设置为：接下来三个月，把一半的争吵变为有效争吵，降低争吵对双方的情感伤害。

这样，你就至少可以设定三个关键成果：

（1）对争吵进行复盘，总结哪些是有效争吵。

（2）学习沟通技巧，并运用到实际中，比如总结什么样的技巧能把"乱吵"变成良性沟通。

（3）分析每次吵架时自己感受到的情绪从何而来，避免停留在表面争吵上。

每个人解决问题的思路不一样，你不用原样照搬这个思路，重要的是要先有解决问题的意识，然后找到解决问题的思路。

婚姻中遇到问题不要逃避，逃避只是把问题累积到了将来。找到合适的方法去处理问题，你才能"关关难过关关过"。

当然，婚姻不是工作，家毕竟是一个讲感情的地方，充满理性色彩的"婚姻脑"有时候会显得缺乏温度。这时，你可以偶尔调动一下"恋爱脑"，做一些看起来没有太多实际作用，但能增进夫妻之间亲密感的事情，比如出门散步、周末一起外出露营、聊天谈心、送小礼物等。在某种程度上，"恋爱脑"其实也难能可贵，因为它代表你拥有爱的能力，内心柔软、感性、情感饱满。

用"婚姻脑"管事，用"恋爱脑"容情，理性与感性相结合，才能经营好你的婚姻。

3. 这些两性差异，你要知道

王小姐结婚两年，婚姻生活中不存在出轨、金钱纠葛等大的矛盾，但她却常常会在某些时刻感到绝望，因为身边那个许诺要相伴一生的人，似乎没有想象中那么爱她。

恋爱的时候，老公追她追得挺殷勤，但结婚之后，却少了很多仪式感。第一个结婚纪念日，老公一直加班到晚上10点，回家就倒头大睡，王小姐心疼他工作太累，也没有过多追究，只是随口提了一句，希望能收到一个小礼物，哪怕只是简简单单的一朵花。老公说好了第二天补偿她，但第二天回家又忘了。她忍不住抱怨，却只换来一句："两个人过日子不需要花里胡哨的东西，不实用。"两个人为此大吵一架。她气得一晚上没睡好，老公则在书房打了半宿的游戏。第二天醒来，老公跟没事人一样，又和她有说有笑的。

而且她发现，一吵架就闷在书房里打游戏成了老公的习惯。打完游戏后老公的气消了，但王小姐

> 还憋着一肚子火。她尝试跟老公沟通，却发现越沟通越容易吵起来，不仅问题没解决，还伤了感情。
>
> 这种要么一拳打在棉花上，要么迎头碰上铜墙铁壁的感觉，让王小姐很绝望，她怀疑自己当初是否选错了结婚对象："如果他真的在意我，怎么会让我气得睡不着觉？"

王小姐的困境其实很常见，因为在感情中，我们很容易产生的一个错误想法就是：如果伴侣爱我，就应该像我对他/她那样对我好。

实际上，男人和女人，即便生活在同一屋檐下，也都有各自的"小宇宙"。这两个"小宇宙"的运行方式有很大区别，从内在的价值观、思维方式、情感需求，到向外展现的言语、行动，都有差异。你对他/她好用的是你表达爱的方式，他/她对你好用的是他/她表达爱的方式。方式不同，不代表不关心，大概率是你们没有互相读懂对方。

想要建立起能彼此治愈的亲密关系，你得先了解两性之间的差异。

猎人心态VS社交需求

男女之间的行为差异，与从远古时代就开始的性别角色分工密切相关。

那个时候，男性外出打猎，女性一般在家负责养育后代。男性收获的猎物越多，就越能得到女性的青睐，衡量他们价值的往往是实体的"物"。而女性大多数时候需要跟其他女性以及自己的儿女相处，需要不断交流来维护人与人之间的关系，衡量她们价值的往往是"情"。

到了现代社会，衡量一个男人是否成功，不少人会根据他拥有的金钱、资源和社会地位来评估。而对女人的评价，往往看她人际关系处理得如何，性情是否温柔和顺等。

所以，男性依旧拥有"猎人心态"，只不过猎物换了，但捕猎的过程一样：确认目标，采取行动。婚后有些男性的态度变得不如原来积极，其实并不意味着他不爱你，而是结婚的目标达成之后，他会不自觉地把重心放在生活的其他方面，尤其是事业上。因为在男性的价值体系里，多数还是认为只有自己越成功，伴侣才会越爱自己。

而在女性的"小宇宙"里，感情占有很重的分量，她们往往都擅长识别他人的情绪，对关系的变化相对敏锐。大部分女人的"作"，其实是一种情感焦虑的体现，当察觉到伴侣的心不在自己身上时，她们就会通过主动索求的方法来确认自己的感受是否准确。

对大部分男人来说，要缓解女人的这种焦虑其实不难，只要在某些特定的时间点上，用实际行动告诉伴侣"我的心里有你"，礼物不需要多么贵重，言辞也不需要多么夸张，表达出心意即可。千万不要小瞧仪式感，它可能是你经营婚姻最简单的一种方法。

而想要让男人在婚姻里多投入些精力，女人可以顺着男人的"猎人心态"设置奖赏机制。这并不是一件多难的事，只需要给伴侣一些积极反馈。比如，当丈夫做了让妻子心情大好的事，妻子可以大方地给予认可。

传递信息VS表达情感

男女两性的另一大差异是情感的处理和表达方式不同。我们不妨设想一个场景，比如一对夫妻的睡前对话：

妻子：今天这个班上得可太糟心了，碰上同事"甩锅"，任务没完成还赖在我头上，明明是他自己拖延，任务给到我的时候已经比时间表上约定的时间晚了两天！

丈夫：这种事情其实是个向上管理的问题。

妻子：我俩是平级，只是一条任务线上的前后端罢了。

丈夫：那在他延迟的时候你就应该跟领导解释。

妻子：领导出差了。

丈夫：那你可以远程汇报啊。

妻子：你能不能不要老想着给我提意见，吃亏的是我，我能不知道以后怎么做吗？我只是在跟你

吐槽！

妻子说完立马转头睡觉，只留丈夫一头雾水，没搞明白对方为何生气。

生活中，很多男女吵架都是类似的情况，女方在发泄情绪，而男方却习惯从事实层面提供解决办法。女方觉得自己不被伴侣理解，有点"鸡同鸭讲"，因而更委屈；男方觉得自己明明已经提供了解决方法，不懂对方为何还不高兴。

其实这是男女在情感处理和表达方面的差异造成的：面对问题，男人一般习惯提取事实信息，不会过多地在意伴侣的感受；女人则习惯表达情绪，更希望对方能认真倾听，最好能提供安慰。

这个差异依旧可以追溯到远古时代。男性打猎，如果不集中精神判断外部环境的情况，要么空手而归，全家人一起饿肚子，要么葬身兽口，连命都没了。而女性如果不开口跟人交流，在原始洞穴里生活也十分寂寞。

天性使然，与其怪罪彼此，不如想办法调整交流方式。在婚姻关系中，男人可以适当多听少说，尽量跟伴侣站在同一边，让她觉得自己的感受被察觉到了。女人也可以多找身边的"闺蜜"聊聊，彼此沟通更顺畅，自身的负面情绪也可以慢慢地被消除。

女人的表达习惯也会成为吵架导火索。比如，丈夫做某项家务，妻子却抱怨某些细节没有做好，这个时候丈夫就很容易生气。在男人的社会角色设定里，他们大多是擅长解决问题的人，如果伴侣把他当成一个问题制造者，他就很容易觉得自己被否定。没有人喜欢被否定，这时候他要么反驳伴侣，抵消内心的挫败感，要么以后再也不做这件事，毕竟做了可能会被伴侣挑刺。

不是所有人都擅长处理生活中的琐碎事务，当你想要批评伴侣时，不妨压制住自己内心的怒火，先夸奖对方做得好的地方，如此才能慢慢走进对方的心里，让其心甘情愿做出改变。

当男人学会倾听，女人学会接纳和信任，亲密关系里的沟通问题就能解决大半。

4. 成为命运共同体

如果一个人对婚姻没有正确的认知，会怎么样？

米拉30岁，正值大好年华，却有两段失败的婚姻经历。

她与前夫是相亲认识的。那时候她刚研究生毕业，拗不过家里人的要求，回到家乡，进了当地一所小学教英语。工作刚稳定，父母就张罗着给她相亲。米拉的条件在家乡的相亲市场上很吃香，学历高，又是老师，外形也不错。三个月之内她见了十多个相亲对象，就在米拉快要麻木的时候，终于碰上了一个还算合眼缘的。

对方在当地开连锁餐厅，有三家店，经济状况不错，待人接物周到，人也高高大大的。约着吃过几次饭，看过几次电影之后，双方家长就见面了。米拉其实多少有点认命的心态，她不是没幻想过轰轰烈烈的恋爱，但回到家好像就得顺应现实，既然双方条件匹配，对方人也不错，结婚也没什么不好，感情可以慢慢培养。

认识了半年，米拉就和对方结婚了。结婚一年后，米拉开始觉得不对劲，他们的生活条件是不错，但两个人相敬如宾的日子，平淡到有些乏善可陈。老公因为生意上的事，应酬偏多，米拉本着要做一个体贴的妻子的想法，并没有计较，可他们之间似乎缺少共同话题，聊天内容多数是围绕各自的工作，很难深入下去。米拉开始觉得孤独，她想：如果自己留在大城市，会不会就能遇见灵魂伴侣？这样的念头一旦起来，就难压下去，经过一番内心的挣扎，米拉最终还是离了婚。虽然身边所有人都不理解她，但她还是毅然去了北京，开启人生新的旅程。

她也确实遇见了自己想象中的灵魂伴侣，再次进入婚姻。新伴侣是个艺术家，两人在一起有说不完的话，从诗词歌赋聊到人生哲学，从天黑聊到天亮。但是，他的生活堪称潦倒，房租和生活中的大部分开销几乎都由米拉支付。米拉在这段婚姻中坚持了两年，因为感觉看不到美好的未来，最终还是离婚了。

30岁生日那天，她回顾自己的两段婚姻，不禁思考：自己这辈子还能不能拥有一段幸福的婚姻？

米拉感到迷茫很正常，很多人都渴望拥有一段幸福的婚姻关系，但并没有哪一堂课告诉我们，选择进入婚姻之后的两个人要形成什么组合。有的人懵懵懂懂，还没想明白自己的情感需求，就凭感觉进入婚姻，觉得不舒服了就逃离。

米拉的这两段感情，一段开始于好的经济利益，一段开始于好的情感利益。她并非遇人不淑，但组成的却是"因利而聚，利尽而散"的假性亲密关系，因此这两段婚姻都没能获得良好的发展。

婚姻是一种可变化、可发展的关系。它往往开始于某种现实或情感上的吸引，身处其中的两个人如果想要获得稳稳的幸福，就必须学会成长为命运共同体。

在挑选伴侣的时候，我们往往会在心里预设很多条件，从外貌特征到内在品格，从经济状况到个人能力，自己最在意什么，就可以把它的价值排序提前。从本质上讲，挑选伴侣与逛商场买东西没有太大区别，尊重自己的现实感受，至少可以保证选中的人是自己满意的。

不管是相亲还是自由恋爱，将自己对另一半的要求考虑清楚的人，婚后遇到的矛盾更少也更容易解决。

经济利益也好，情感利益也罢，都可以纳入人际关系专家常用的一套理论中，即相互依赖理论。这个理论提出了社会利益交换要考虑的两个核心因素，即奖赏与代价。奖赏是指两个人相处过程中让人高兴的经验或物品，代价则是指令人恐惧或不悦的经验，比如付出金钱、身体受伤等。不过，亲密关系里最重要的代价是心理负担，比如对关系不确定性的担忧、伴侣的缺点带给你的沮丧，以及你为这段关系不得不放弃的东西。

奖赏减去代价，就是我们所能看到的一段关系呈现的结果，它与你对关系的满意度相关。这个结果有时候是正数，有时候是负数。但决定关系能否维系下去的其实是你对结果的评价标准，与正负无关。有些人的婚姻在外人看来根本没有继续下去的必要，却并没有突破当事人的评价标准的底线，所以他们依旧能感受到幸福。

如果单凭自己的感受，我们可能会觉得两个人在一起一会儿很开心，一会儿充满烦恼，不知道到底算不算好。有研究表示，要保持满意的亲密关系，奖赏与代价的比至少要保持在5∶1。有了这个比例，你就有了非常具体的参照标准，确定自己是否真的幸福，并且明白，提高奖赏比减少代价更容易让自己感到幸福。

一段幸福的婚姻关系也不一定能一直保持稳定，因为决定我们对一段关系依赖程度高低的还有一个因素，即"替代比较水平"，也就是说，离开这段关系我们是否会有更大的收益。如果我们觉得选择另一个对象能给自己带来更幸福的生活，或者恢复单身让自己更舒服，那已有的亲密关系就会朝不稳定的方向发展。

把上述理论引入亲密关系中，是为了让我们将混杂了各种情感和物质因素的婚姻捋出头绪，更好地经营亲密关系。

把共同成长放在第一位

一段幸福长久的婚姻，并不会只停留在初期"以付出求回报"的利益共同体阶段，它会向命运共同体阶段发展。

我们与人交朋友，可以展示自己性格里的优点，吸引志同道合的人；我们找工作，可以展示自己技能上的优势，用能力换好的待遇。但在亲密关系里，我们与伴侣朝夕相处，展示给对方的有优点，也有缺点，甚至会不可避免地暴露出自身脆弱、不堪、受伤的一面。很多人说婚姻是爱情的坟墓，就是因为看到了这种毫无遮掩的一面。实际上，婚姻败在这种毫无遮掩，也成在这种毫无遮掩，全看你怎么对待。

不少人都经历过原生家庭之痛，上一辈的情感模式和伤痛可能会在你我身上体现，甚至被带入婚姻关系中。当爱的激情还在时，双方往往处在关系的浅层，有些创伤并未显现。当激情褪去后，生活中的冲突与矛盾让一切无所遁形，你或许会发现眼前的伴侣跟原来认识的不一样了，争吵的时候对方不会再让步。你们关系里的代价越来越多，以至于奖赏根本不够用来填补。

这时就是发掘婚姻后发力量的最佳时刻。你们触及了彼此的伤口，也获得了发现自己和治愈对方的机会。只关注自身利益的人，会因为感到焦虑就分开，那关系只能停留在假性亲密阶段。如果抓住这个机会，你们就能变成利益共有关系，共有关系的标志就是：你开始关注对方是否幸福，而不急于让自己的付出得到回报。

你可能会看见对方身上有童年被抛弃的恐惧，或是从小被压抑的情感表达。治愈是一个缓慢的过程，你需要耐着性子给予对方支持，这种支持也可以同时满足你的"被需要感"。

在一段长久的婚姻关系中，这样的经历越多，夫妻之间的信任感就越强，延续婚姻的意愿也就更强烈，两颗心紧紧相依，直到成为命运共同体。

"命运共同体"式的婚姻是一种良性循环。两个人的关系紧密了，人在其中得到滋养可以更好地成长，人的成长又能进一步反哺关系。把共同成长放在第一位，把个人利益放在第二位的婚姻，才能更长久。

如何缔造婚姻里的"命运共同体"

那么，如何缔造婚姻里的"命运共同体"呢？不妨试试这么做。

1.管理自私本能，强化团队意识

人都有自私的一面，但如果在婚姻里过分自私，必然会导致不良后果。结婚之前首先要建立的认知是：你们已经形成"一荣俱荣、一损俱损"的团队组合，为个体利益伤害对方时，自己也会遭到反噬，考虑对方的快乐，也等于考虑自己的幸福。

在某种程度上，只有拥有了这种意识，你才能让亲密关系更加和谐地向前发展。

2.培养积极心态，同时学会控制预期

感情中有一种可怕的负能量，那就是对未来之事进行悲观想象，它会影响你面对困难的信心，拥有积极的心态则会让你把精力集中在寻找解决问题的路径上。

如果你觉得事态严重，但结果尚未明确，那就不要把最坏的结局当作既定的事实。你可以设置一个预期空间，比如最好会发展成什么样，最差会发展成什么样，把这两点连起来。最终你会发现，出现的结局大部分情况下位于这两点之间。几次下来，你就掌握了客观看待问题的能力，不会被焦虑弄得手忙脚乱。

3.画一张婚姻纪念地图，在关系转变点处做心理标记

很多人对已经过去的事采取一种"往事如风消散"的态度，觉得过去了就过去了，把眼光放在未来会更好。事实上，在亲密关系里，如果忘了过去的共同经历，只看将来，就等于狗熊掰棒子——掰一个丢一个，瞎忙活。

在心里画一张婚姻纪念地图，把你们解决过的问题作为重要节点标记在上面，你会发现这些经历怎样影响了你的婚

姻之路。有这张地图在心里，困难再来，随时翻看你们共同努力的回忆，你就有底气说出"我不怕"。

法国哲学家阿兰·巴迪欧说："爱是最小单位的共产主义。"在婚姻中，两个人组成命运共同体的核心也是一样，我们最终想要的就是建立资源共享、互爱互助的小家庭。所以，别被短暂的利益蒙住眼，好的亲密关系，拥有把"利益共同体"变为"命运共同体"的潜力。

5. 好的婚姻，是一次"拼家底"的合作

林林是个急性子，她的老公是个慢性子。

两人经常因为做事情的节奏不一样而拌嘴，比如送孩子上学，老公总是卡在快迟到的边缘才收拾好，搞得林林大清早就"炸毛"，再比如，林林洗澡最多花二十分钟，老公能洗一个小时。类似的例子简直多如牛毛。

林林有时候会火急火燎地向朋友抱怨："受不了了！我得离婚！"但朋友们都知道这是气话，林林和她老公肯定离不了，因为这是一桩好婚姻。

他们两个人虽然性格迥异，但共同生活的十年间，日子是越过越好：从最初的一穷二白到现在拥有两套房子、两辆车，还有一个正上小学、性格活泼、人见人爱的闺女。

他们虽然经常吵架，但只在鸡毛蒜皮的事情上吵架，碰到关键问题，还是齐心协力，劲儿往一处使。

第一章 知人性——婚姻这件事，绕不开人性

装修房子的时候，急性子的林林紧盯工程进度，老公性子慢，稳重细心，就负责监督装修质量。最终交房的时候，他们成功避过了装修中绝大部分的"坑"。

林林遭遇过一次职场危机，待业在家的那段时间，焦虑让她陷入自我怀疑，如果不是老公更松弛的人生态度影响她，她真的很难调整好心态。最后她找到的新工作，比之前赚得还多一点。老公性格更内向，不擅长沟通，所以像给孩子找幼儿园、家里人看病住院等需要向外沟通的事，大部分都是林林来做的。

在上面的案例中，林林和老公的婚姻虽称不上完美，但可以用幸福来形容。林林的婚姻，甚至不符合"男人就得是家里的顶梁柱"这种传统刻板印象，但却抓准了经营好婚姻很重要的一个方面：通力合作。

好的婚姻，就是一次"拼家底"的合作。

这个"拼"不是要一争高下的意思，而是说要像做一家公司那样，把双方各自拥有的优势资源"拼"在一起，组成一个抗击打能力更强、更能积蓄力量的团体，遇到困难时互相兜底，机会来了，就一起走向更好的未来。

摸清有形资源，找到适合你的伴侣

木木从小在单亲家庭长大，与妈妈相依为命，这让她养成了独立自强的个性。跟老公初识时，她就被他身上那种由完整家庭培养出来的稳定内核所吸引，一头扎进了爱河里。

相处两年后，他们步入婚姻殿堂。让木木下定决心结婚的，不仅仅是爱情，毕竟现实世界早早让她明白，偶像剧只是成年人的童话故事。她理性地看待结婚这件事，将其看成一个重要项目，仔细评估其中的风险。她认真考察过身边这个男人，了解未来公婆家虽然只是小康家庭，但有在必要的时候提供帮助的条件，不至于让他们的小家庭孤立无援。

她想过的日子，不用大富大贵，有吃有穿有住就行，不必轰轰烈烈，有家有爱有人陪就好。带着这种清醒，她度过了吵吵闹闹但无限接近自己理想的八年婚姻生活。

面对婚姻，木木是理性的。其实在某种程度上，婚姻就相当于一个创业项目，需要进入其中的人带着管理思维去经营。

找伴侣其实就像找合伙人，要考察性格、人品、财务状况等。结婚就是达成合作，从此你不必单枪匹马地闯荡"江湖"。这也意味着，你们的启动资金变成了双方以前积累的资金，甚至包括双方原生家庭积累的资金，而你们理想中的婚姻生活，就是共同预设的目标。

你可以盘点一下你和伴侣拥有的资产，比如房子、车子、现有积蓄这些有形资产，看它们能不能满足你对现阶段美好婚姻的期待。如果不能，差距又该如何追上？站在更高的维度上看婚姻，就不会被细节困住，能减少很多情绪内耗。

不管你盘点出来多少，我都可以告诉你，其实你和伴侣拥有的，比你们想象中的要多。除去有形资产，婚姻中还有一些无形资产。

用好软实力，经营好婚姻

我有一位"90后"的朋友，叫Christina。半年前，她参加商业活动的时候遇见了一个几乎完全符合自己审美要求的男人。为了不错过这个男人，她甚至打破了绝不先跟人表白的恋爱原则，见面三次就直截了当地向对方表明了心意，成功谈起了恋爱。

但前几天她却分手了，我问她为什么，她说："因为他不能给我提供情绪价值。"

近几年，我们经常能听到"情绪价值"这个词，实际上，这个概念最初来自经济学和营销学领域。美国爱达荷大学商学院杰弗里·贝利教授从顾客与企业之间的关系营销视角出发，提出情绪价值是顾客感知的情绪受益和情绪成本之间的差值，情绪受益就是积极情绪体验，情绪成本就是消极情绪体验。这个差值，能决定一个公司是否能建立起核心竞争力。

把这一概念引入心理学领域，我们会发现，伴侣能让我们开心快乐，是一种重要的软实力。

在好的婚姻里，夫妻双方都能提供情绪价值，因为他们知道，让对方开心，就能让整个家变得更幸福。"你让我不高兴，我就以牙还牙，让你也不高兴"——这种报复行为简直是伤敌一千，自损八百。一个阴云密布的家庭，失去的不仅有笑容，还有通往好日子的康庄大道。

找到并合理利用彼此的情绪价值，是经营好婚姻的一大秘诀。

情绪价值之所以至关重要，还因为它可以相互影响。也许你觉得自己已经付出了很多情绪价值，但对方并没有给出相应的回报，那不妨仔细观察一下，在你付出的情绪价值中，哪一项让对方变得积极，让对方有了正向行动，那就多往这个方向引导。

婚姻也有周期，不同时期有不同的合作方式

每一对进入婚姻的新人都曾畅想彼此相守一生，有的人确实能婚姻幸福、与伴侣白头到老，有的人过着过着就不是那么回事了。其实婚姻跟一家公司的成长一样，有它自己的规律周期，每个时期有不同的状态，夫妻双方需要及时调整合作方法。

新婚期往往爱意满满，彼此激情尚在，操持琐碎的家务，也顾不上谁做得多，谁做得少，就像创业初期，大家都干劲十足。此时正是建立规则的最佳时期，两个人的性格、习惯和生活方式不同，需要磨合，一旦磨合成功，就会形成一种舒服的相处模式。因此，如果你不希望以后对方常常触碰你的"雷区"，那就千万别因为害怕争吵而一味退让和妥协。此时说清楚自己的底线，就等于为日后"排雷"。

再过几年，你们有了孩子，又多了一重父母的身份，要承担的责任多了，要面对的问题也复杂了。这是婚姻的成长期。

家庭规模升级，管理方式也要升级。家庭内部分工要细化，衣食住行、孩子的培养和教育，两个人要一起商量谁来负责，必要的时候可以采取"轮岗"的方式，让双方都能熟悉家里的事务。这么做，一方面能促使自己换位思考，理解

对方的不容易；另一方面，也能防止一个人暂时缺席，导致另一个人手忙脚乱的情况发生。

等到子女独立，"中年婚姻"就迎面而来。有些夫妻看到孩子已经成年，没有了孩子分散精力，他们往往更能关注对方和自身的需求。

每个人的婚姻都有属于自己的成长时间线，处于什么时期，就迎接什么样的机遇和挑战，任何时候，都别忘记，与"队友"通力合作，才是通向好婚姻的不二法门。

6. 无惧婚姻的不确定性

有人说，不确定性是婚姻中最大的杀手，我个人很难认同这句话，因为不确定性不是婚姻的属性，而是人生的属性，婚姻只不过是人生中的一环。外部的不确定性是无法控制的，谁都不知道明天和意外哪个先来。在我看来，不管是人生还是婚姻，我们唯一能把握的只有自己。

古希腊哲学家苏格拉底提出过诸多重要的哲学观点，其中最著名的观点之一就是"认识你自己"。他认为，人认识自己，反思自己，才能了解自己，知道自己真正需要的是什么，进而遵循自己的意愿去生活，从痛苦中拯救自己。

婚姻关系是人生中非常重要的一段关系，也是人认识自己的重要途径。一个无法认清自己的人，即便拥有靠谱的伴侣，婚姻也未必幸福。

多关注自我的成长

很多人都有这样一种想法，认为婚姻是人生的避风港。从某种程度上说，婚姻确实能给人带来安全感，让人在感觉疲惫的时候有依靠，但我们不能把依靠当作常态。一条只停留在港口、永不启航的船，会逐渐变成一条废船；一个安于稳定、放弃在亲密关系中自我成长的人，很可能在婚姻危机面前束手无策。

> 欣欣结婚十年，孩子八岁，跟婆婆相处融洽。生了孩子后，她就在家当起了全职妈妈，一心扑在家庭中，生活的重心除了老公就是孩子。在外人看来，她的婚姻无疑是幸福的，但她却常常觉得无趣，没有安全感，甚至觉得自己跟老公有点貌合神离。从一年前孩子上小学开始，她就发现老公一直有意无意地在躲着她，以应酬为由晚回家，回家了就睡，两人之间的交流越来越少，仅有的交流只集中在孩子身上，除此之外就是各看各的手机。
>
> 最开始她以为老公出轨了，但暗地里"侦查"了很长一段时间，并没有任何蛛丝马迹能证明她的猜想，她还因为疑心跟老公吵了几次。后来她觉得是自己对老公的关心太少了，开始关心他的工作，但老公常常回答"说了你也不懂"。在诸多办法都不奏效的情况下，她很沮丧，也很委屈，跑来向我咨询，问我她该怎么办才能让老公多跟她交流。

在欣欣的故事里，她是女儿的好妈妈，婆婆的好儿媳，现在还想努力做丈夫的好妻子，但唯独没有提到她自己想成为一个什么样的人。十年婚姻中，欣欣当了八年家庭主妇，自己所有的需求好像都围绕着家人。

其实这种过度关注他人的行为也是一种"索求"。希望别人时时回应，也无形中给了别人压力，把别人越推越远。我给欣欣的建议是，把猜疑老公的心思暂时放一放，尝试做一些只为自己的事。

其实，在来找我之前，欣欣就已经开始练瑜伽。那时候她练瑜伽是为了减肥，因为她觉得可能是自己的身材没让老公满意，老公才疏远她。听了我的建议之后，她的关注点不再放在减肥上，开始感受瑜伽这项运动的魅力，开始跟着老师认真学习，希望以后自己也能成为瑜伽导师。

虽然当瑜伽导师的目标还没达成，但她发现自己的婚姻有了一些细微的变化。因为她开始花更多时间上瑜伽课，没空去琢磨老公每天都干了什么，老公反而开始早回家。有时候欣欣还跟老公分享上课的感受，他们的聊天话题终于不只是孩子了。

不要害怕关系中的冲突

在亲密关系中，当双方产生冲突的时候，不少人下意识就觉得是对方的问题。比如"伴侣身上有某个缺点，让我不得不指责他""我感到失望，是因为对方做得不够好，没满足自己的期待"。

其实，当你在亲密关系中感到痛苦时，往往就是认识自己的最好时机。因为在你的痛苦背后，藏着的可能是你看待世界的方式以及你内心未被满足的需求。

举个简单的例子，如果你跟伴侣吵架，而对方没有先跟你道歉，你很可能会认为对方不爱自己了。你倾向于认为只有对方先道歉才是爱你的表现，当你了解到自己内心的渴望是被爱，而你为了消除"不被爱"的焦虑，就会去指责对方。

其实，冲突暴露出的"不被爱"的焦虑，也许来自你的原生家庭。过去，你没被好好爱过，也没学会如何爱自己，因此才会执着于寻求别人的爱。

亲密关系之所以能成为一面镜子，是因为在亲密关系中，我们会暴露真实的自己。所以，当冲突出现时，不要害怕，理性地去看待冲突，把冲突看成一种认识自我的捷径。

爱自己，无惧婚姻的不确定性

认识自己也是一件需要勇气的事，因为在冲突中，我们一定会看到自己都不愿意承认的缺点。但请不要逃避，因为"好的你"和"不好的你"才组成了真实的你，你的缺点实际上在向你透露重要的信息，让你去发现内心被压抑的需求。

所以，爱自己的第一步，是认识自己，并且无条件地去接纳自己的好与不好。

爱自己的第二步，是找到这些好与不好的来源，尤其是关注不好的背后，那里往往隐藏着你的创伤。

爱自己的第三步，是基于自己的现状，抛开约束，不理会别人的眼光，想清楚对现在的你来说最重要的东西是什么，你想拥有什么样的生活。

爱自己的第四步，是停止自责，原谅自己的不完美。人不管怎么改变，都不可能完美，也不可能不犯错。爱自己的人容许自己犯错，也有能力为自己的错误买单。

做到上述这四点，你会越来越接近爱自己的结果——人格独立。美好的婚姻，恰恰是由两个思想健全、人格独立的人结合在一起造就的。一个人的幸福感不完全是靠婚姻的稳定、伴侣的表现来获得的，而是能够在自我成长中获得源源不断的能量，能够创造自己的幸福。两个有能量的人结合在一起，才能互相扶持，实现"1+1＞2"的效果。

一个人如果学会了爱自己，就拥有了"以不变应万变"的能力，自然无惧婚姻的不确定性。

第二章 CHAPTER 2

知情感

——婚姻百态，逃不过七情六欲

1. 拥有爱的能力很重要

在我做情感咨询的这些年里，我遇到过上千个案例，人们看似在纠结婚姻、金钱、孩子等各种各样的问题，但往深了挖，背后都涉及一个高频率出现的话题——爱。

年轻的男女，很多把真爱当成结婚的标准，他们会把伴侣的大多数行为跟"爱不爱我"挂钩，进而判断自己该不该结婚。而结了婚的，感情大多被婚姻生活中的鸡毛蒜皮所消磨，再谈起爱，好像是在说一件奢侈品。

爱作为人类精神世界的永恒主题，一直在被讨论着，关于"爱是什么"的问题，也许一千个人心里有一千种答案，有人说爱是一种感觉，有人认为愿意给对方花钱就是爱，有人认为宠着对方就是爱。

确实，从广义上来讲，爱没有标准定义，每个人都能给爱下一个定义。我认为，爱并不是某句千古流传的名言，而是一种需要通过学习来获得的能力。拥有过硬的工作技能，可以升职加薪；学会如何去爱的人，才能拥有更幸福的婚姻。

我们对爱的错误认知

不好的婚姻大都有一个通病,那就是误解了爱的真正含义。

大多数男女容易犯的一个错误,是把爱当成被爱,觉得只有自己变得更漂亮、更优秀,才会吸引别人来爱自己。于是,为了得到青睐,女人们减肥、化妆、学习穿搭技巧,男人们拼事业、提升地位、买车买房。

不可否认,变得"更值得被爱",是可以提升自身吸引力,让更多异性注意到你。但爱不是一场比赛,如果把追求爱理解成追求被爱,你可能会在"学会爱"的路上逐渐迷失。

我认为,我们不能把爱当成一种可以交换得来的商品。如果我们拿着自己眼里的好东西,抱着利益最大化的心态,去交换一份爱,这个过程就变成了索取。

美国著名人本主义哲学家、精神分析心理学家艾里希·弗洛姆,在他的著作《爱的艺术》里曾说:"爱是一种主动性的活动,而不是一种被动性的情感。它是一种'自足',而不是一种'追索'。"

当我们认为爱在别人那里,需要通过讨好别人才能得到的时候,我们自身的爱就无法建立起来。事实上,爱会流向不缺爱的人,被爱的前提是我们自己懂得什么是真正的、成熟的爱。

成熟的爱是什么样的

爱的本质是"给",而不是"要"。它是一种财富,你能给别人,才证明你拥有。只不过,成熟的爱,不是盲目地去给,而是要给得恰到好处。

首先,你要给予伴侣关心。就像艾里希·弗洛姆所说的:"爱是对所爱对象生命和成长的积极关心。"这种关心跟母亲对孩子的关心有相似之处。也就是说,关心伴侣,不只是在衣食起居方面给予支持,也需要察觉到对方精神世界的变化。

需要注意的是,如果没有尊重作为前提,关心很容易变成一种控制。尊重意味着让被爱的人按照自己的意愿行事。真正的爱会让人感觉更加自由,因为它不磨灭人的个性,也不压制个人的意愿。

其次,责任感也很重要。当伴侣遇到困难需要你帮助时,你能不能和对方一起解决?这并不容易做到,因为这需要你把伴侣的事当成自己的事来对待。说到这里你也许会发现,爱,有时候就是跟自己身上的自私做对抗。

最后,爱不能脱离了解。这种了解,是洞悉对方的内心世界。比如,也许你爱的人并没有明确说自己生气了,但你却能从他/她细小的情绪变化中，感受到他/她生气了。感情好的夫妻经常能"秒懂"对方。当你愿意透过现象看到伴侣内心的真实需求，那你的尊重与关心就会发挥更大的作用。

正如艾里希·弗洛姆所说："不了解一个人就不能尊重他，爱的责任若没有了解作为向导，便是盲目的。了解若无关心为动力，便是一句空话。"

关心、尊重、责任、了解，这四个要素相辅相成，每一个都说起来容易做起来难，但正因如此，我们才更应该学会去爱，与伴侣一起打造爱的世界。

学习爱的理论知识学起来很容易，实践起来因人而异，很难通过一篇文章讲清楚到底该怎么做，可有一点是可以肯定的，成熟的爱，一定来自心智更健全的人，所以，培养爱的能力，更像是在培养一种更健全的人格。

因而，精神上的独立非常重要，先从爱自己开始，关心、尊重、了解自己。在爱自己的过程中，你会慢慢成为一个内在有力量的人，你将不再是等待被爱的缺爱者，而是能给予爱的富有者。

2. 爱与不满是共生体

李女士觉得自己的婚姻进入到"七年之痒"的阶段，因为怎么看老公都不顺眼，以前他高高大大的，现在啤酒肚大得像怀孕了几个月；下班回到家，他就直接在沙发上躺着玩手机，不懂得说几句贴心话哄她；袜子乱丢的习惯他至今没改，但凡她多说几句，老公就不耐烦，嫌她啰嗦；做个饭吧，他把厨房弄得一团糟，导致她收拾起来特别费劲。

连着列举了好几个老公的缺点之后，她说："有时候我都忍不住想离婚，因为只有他出差的时候我才觉得家里是清清爽爽的。"

但如果你再问她为什么没离，她又能说出一些老公的优点，比如生病的时候老公细心又体贴地照顾她，毫无怨言；虽然厨房乱，但老公能做一手好菜，也愿意给她做好吃的；老公的话虽不多，但家里一旦有事他都能顶上……

其实李女士的婚姻并非不幸福，她跟老公有小吵小闹的时候，也有不少甜蜜的时候，一直没什么大矛盾。正如温格·朱莉在《幸福婚姻法则》中所写的那样："在这个世界上，即使是最幸福的婚姻，一生中也会有200次想离婚的念头和50次想掐死对方的冲动。"

李女士对丈夫不满，并不代表不爱他，也不意味着他们的婚姻出现了问题。事实上，大部分的夫妻都是一边相互不满，一边相互依赖的。在婚姻里，爱与不满往往是一对共生体。

很多时候，人只有在充分信任的人面前，才有足够的安全感，做最真实的自己。也许刚在一起的时候，你会更多地发现对方身上的闪光点，等相处时间变长，两个人的关系更亲密之后，对方慢慢将自己最真实的一面展示出来，你就会发现对方的"缺点"。

比如，婚前你看到的可能是精心打扮前来约会的女朋友，婚后看到的则是清早起来素面朝天的老婆；恋爱时一向爱干净的男朋友，婚后可能袜子到处扔。

其实有些缺点并非缺点，只是秉性不同，比如两个性格不同的人结婚，一个是急性子，一个是慢性子，互相都会觉得对方做什么都看不惯。又比如一个人十分感性，一个人则相对理性，他们也会产生许多矛盾。

安全感让你们暴露了"缺点"，也让你们敢向伴侣表达对这些"缺点"的不满。安全感与不满在这里不仅共生，而且形成了一个完美的闭环:越有安全感越不满,越不满越了解,越了解越懂得如何去爱对方,越爱对方越有安全感。

对一个人不满,有可能是潜意识里希望对方爱你

心理学研究发现:你对一个东西不满的背后,其实藏着你对爱的需求。

> Linda因为自己跟男朋友互相对彼此不满而没少怀疑过两个人之间的感情。男朋友因为换工作认识了不少新朋友,下班后朋友聚会多了起来,Linda最开始也鼓励他多跟朋友交流,因为她觉得人应该有自己的社交圈,不然即便两个人一起生活,也会慢慢觉得没意思。
>
> 但一段时间后,她感觉男朋友出去太频繁了,他还常常带着醉意回来,她就忍不住嫌弃,说他一身的烟酒味很臭,而且常常回来太晚,家务活都丢给她一个人。可男朋友并没有多少变化。终于,他们之间因为此事大吵一架,盛怒之下Linda说男朋友不在乎她,每天只知道跟狐朋狗友鬼混,男朋友则嫌弃她从原来的通情达理变得无理取闹,然后摔门而出。

Linda自己在家里哭了半天，一会儿觉得男朋友过分，一会儿觉得自己真的变得有点黏人，不再是她想做的独立清醒的女孩，忍不住想要分手。没过多久，男朋友回来了，跟她道歉，表明之前说的都是气话。Linda的气也消了大半，终于在和男朋友的沟通中明白了两个人彼此不满的缘由。

Linda并不是真的认为男朋友的朋友不好，因为男朋友带她见过他们，大家聊得不错。她只是觉得两人最近在一起的时间很短，少了原来彼此分享的乐趣，但她又不想变成只会粘着男朋友的那种女生，就压抑了自己的真实感受，用别的理由来让男朋友早点回家。而男朋友之所以总跟朋友聚在一起，是因为不想把职场的压力带回家，他觉得Linda总不阻拦他出去，也是因为不想听他的负面情绪，但他这次说完之后，却发现Linda能很好地接住他的烦恼，他没必要躲那么远。

他们表面上对对方感到不满，但内心其实渴望对方能爱自己。这次吵架后的沟通，足以证明他们其实都喜欢陪在对方身边。从那以后，男朋友不再那么频繁出去了，出去的时候也更愿意带着Linda一起。他们还是偶尔会对对方感到不满，但他们也懂得从不满的背后挖出一点真正的内在需求，也因此他们更了解对方了。

不管是抱怨还是指责，背后都隐藏着我们的需求。学会看明白抱怨和指责背后的潜意识期待，那每一次的不满都是一次证明爱、延续爱的契机。

别让不满影响到爱

通常人们难以接受的一种不满，是与他人比较之后的不满。

比如，你总是对孩子说别人家的小孩如何好，有的孩子能听进去，有的孩子却可能产生逆反心理。伴侣之间也是一样，老公某些事做得不太好，你如果通过比较的方式，一直夸奖别人家的老公，觉得自己的老公不好，希望以此让他感受到你的需要，这样做的效果可能适得其反。说别人好，在他听来或许就是在否定他这个人，非常伤他的自尊。所以，表达不满也需要克制，你可以尝试聚焦在此时此刻具体的事情上，告诉对方你期待如何，也给他一个达成这种期待的方法。

另外，虽然不满与爱是共生体，但也不能厚此薄彼。没有人愿意总是被否定，大家还是更喜欢被肯定的感受，对方让你不舒服的地方要说出来，对方做得好的地方也要认可。赏罚分明的制度会让公司更好地运转下去，"只打巴掌不给甜枣"的亲密关系很可能会出现问题。

同时，我们也不必过于在意对方的不满，要明白不满只是对方在表达自己的需求,不是针对你这个人。每个人的性格、观念、生活方式都有差异,如果我们愿意为婚姻去妥协和磨合,表达不满就是一种沟通方式。如果我们做不到,也不必因为对方的抱怨而灰心丧气,要让对方明白,婚姻不是为了达成某一个人的理想,而是要求同存异,互相理解包容,一起面对生活。

3. 无性婚姻并不可怕

在婚姻里，性是一个很私密的话题，它很少被拿到明面上来说。婚姻生活离不开性，当夫妻二人发现彼此的性生活频率下降的时候，可能会想：我的婚姻是不是出了什么问题？

我从事情感咨询行业多年，接触过不少案例，分析过后发现，虽然无性婚姻给很多人带来困扰，也有不少夫妻因此离婚，但性远远没到能决定一段婚姻是否能维持下去的程度。无性婚姻是否幸福，取决于夫妻双方对性的需求是否一致，以及他们除性之外的期待，是否高度契合。

阿云和她的丈夫都是企业高管，自从孩子出生后，他们之间的性生活频率下降了很多。阿云本来也担心这会影响夫妻感情，但她也发现，正因为能从忙碌的工作和生活中抽出时间过二人世界的机会不多，所以他们格外珍惜难得的亲密时光。虽然性生活的次数减少了，但质量反而提升了。

而且，两个人的事业都在节节高升，对彼此人

格、能力上的欣赏也与日俱增。他们共同的努力，也让生活条件变得更好。在性之外，他们的心灵越来越契合，感情越来越深。

社会学家普遍认为，夫妻一年的性生活次数少于10次便可被认定为无性婚姻。大部分人婚姻里的性是随着时间和生活境遇变化的。

中国人民大学社会研究所潘绥铭教授2000年的一项调查显示，我国夫妻每月性生活次数少于1次的人数超过了四分之一。到了2010年，我国夫妻每月性生活次数少于1次的人数仍然占五分之一左右。也就是说，在我们的周围，可能每五对夫妻中就有一对在过无性婚姻。

但是，你能说他们的婚姻都不幸福吗？

在中国传统社会里，形容一对夫妻婚姻幸福往往会用到"恩爱"这个词，恩在前，爱在后，这里面并没有提到性。性不是婚姻的全部，无性也并不一定导致关系破裂，反而是对无性婚姻的恐惧，才会让夫妻之间渐生嫌隙。想要消除恐惧心理，我们应该正确认识婚姻与性的关系。

为什么把性看得如此重要

性被看得特别重要的原因之一是它的禁忌性。从幼年性别区分意识出现，到青少年时期第二性征发育，再到成年或婚嫁之前的性教育，几乎每一个阶段我们都没有接受相对正式的性教育。这种对性半遮半掩的社会态度，使我们下意识地觉得这件事比较神秘。

很多人在跟伴侣进行第一次性生活的时候，都对性一知半解。即便有多次性经历，有的人却很难从过程中获得应有的快乐，反而感到痛苦，以至于开始排斥性生活。这也是夫妻性生活频率受影响的一个原因。

禁忌和懵懂，甚至某些不愉快的体验，让原本应该有所期待的性变了味。即便我们渴望拥有好的性生活，婚姻中性生活频率的变化也不是我们的主观意志能控制的。

首先是人身体上的变化，性与激素直接挂钩。年轻时，激素分泌旺盛，性欲旺盛，到了中年，男女的激素水平都呈下降趋势，欲望、时长、频率降低都是正常现象。另外，人到中年往往会面临更多的压力，工作、生活、育儿、赡养父母等，都会耗费更多的时间、精力和心力，再加上生活作息的影响，人自然对性失去了年轻时的热情。

潘绥铭教授的调查还显示，性生活次数的多少，与居住城市的大小直接相关。城市越大，性生活的频率越低。在城市中的人职业压力越大，性生活的频率也越少。

婚姻中的性生活质量不能以次数多少来判定高低。**如果你觉得你们的性生活质量开始下降，也不用特别慌张，先要明白它是正常的变化，然后以尊重双方身体和心理感受为前提，积极与另一半沟通，寻找改变方法。**

也许你们会重新恢复原来的节奏，也许你们找到了新的节奏，但不管结果如何，都别把性看成是决定你们生活幸福与否的主要因素，别让外界的声音打扰夫妻最私密的生活。

性、爱、婚姻的区别

把性、爱、婚姻混为一谈，是多数人恐惧无性婚姻的另一个原因。在普遍被认同的社会观念里，结婚是因为爱，而爱又与性有关系。其实，这三者的联系也没那么紧密。要看清楚它们的区别，我们可以从载体、目标、动力三个方面来分析。

性以身体为载体，在肌肤相亲的过程中，释放身体的张力，最终实现性高潮的目标，而引发一次性生活的动力来源，则是欲望。爱的载体是精神，它以吸引为动力，在不断的交流中实现心灵上的共鸣。而婚姻的载体是家庭，人们在亲密与体贴需求的驱使下，期待达到生儿育女、过更好的生活的目标。

了解这三者的区别之后，你就会明白，性、爱、婚姻有时候不可兼得，性和谐的两个人未必真的相爱，相爱的两个人也未必能进入婚姻。如果以三者兼得作为衡量婚姻幸福的标准，那恐怕这世界上就没有幸福的婚姻了。

因此，假如你的婚姻变得渐渐无性，也不要灰心丧气。性缺失不代表精神疏离，你们依旧可以在精神上水乳交融，在生活里互相帮衬，把日子过得充实而幸福。其实，无性婚姻并不可怕，可怕的或许是你们之间除了性一无所有。

性并非婚姻的必需品

那我们该如何看待性在婚姻中的位置？

性的本质是身体上的接触，你觉得一个人对你有性吸引力，可能是因为这个人的外表、言谈举止引发了你体内的激素波动。从这个角度来看，性的作用与情感沟通一样，是表达爱意和亲密的一种方式。

但性吸引力会慢慢递减，时间越久，对彼此的身体越熟悉，最初的新鲜感和冲动也会逐渐散去。而情感沟通的效果却可能是递增的，你们两个人之间有一个"情感银行"，彼此了解越深入，一起经历的事情越多，存在金库里的情感财富也就越多，对方在你心里的位置就越重要。

而且，对大部分夫妻来说，他们并不是以性为目的结成伴侣关系，而是为了更好的生活结合在一起。在这些夫妻眼里，伴侣是能在必要的时候给予经济支持和情感陪伴的人生合作伙伴，而不是一个简单的性伴侣。

夫妻性生活减少，找到问题的根源并解决那是最好的，如果解决不了，或者觉得不解决也不影响生活，那就没必要为此太过忧心。与其害怕关系结束，不如多存些情感财富到你们的"情感银行"中。我们每个人都会老去，进入无性婚姻是绝大多数夫妻都要经历的阶段，当那一刻来临时，只要彼此的情感财富足够多，就足以抵消无性婚姻带来的落差感。

4. 利用好承诺的积极意义

在第一章里，我们探讨过爱情三角理论涉及的三要素——亲密、激情、承诺。在本节中，我想重点讲讲承诺。

承诺是什么

"我会一直跟你在一起"是大部分身处亲密关系中的人听过或说过的话，它就是一种承诺。社会学家迈克尔·约翰逊把承诺的类型分为三种。

一种是个人承诺，意味着说话的人内心非常喜欢对方，对两人的关系很满意，发自内心地想要跟这个人在一起。这种承诺的浪漫属性最高，对人和关系的正向影响也最强。

设想一下，如果你跟伴侣坐在海边，聊人生、聊理想，聊到灵魂共振的时刻，突然岸边放起美丽的烟花，这时候你们相视一笑，彼此许下相守一生的诺言。你一定会觉得非常快乐，感觉对方是冲着你这个人来的，而不是图其他的身外之物。此时的承诺就是一张用语言描绘出来的精神蓝图，是存在于你们情感账户中的一笔财富，你们之间的信任也随之更深。

相反，另一种是强迫承诺。当人觉得离开这段关系的代价太高，自己难以承受时，许下的承诺就是不得不维持现状的一种妥协，比如生活虽然不幸福，但如果要离婚，就得面对巨大的经济压力，只好继续在一起。如果经济压力能解除，那这个承诺就很可能被违背。

还有一种承诺是道德承诺。一个人如果觉得自己对伴侣有道德上的责任感，认为结束关系不道德，是违背承诺，那即便关系遇到问题，他也不会轻易就结束。在婚姻危机面前，即便个人承诺带来的力量已经消散，道德承诺还是能产生一定程度的约束。

所以，人兑现承诺或违背承诺，与个人道德水准的关联程度，并没有我们想象中那么强。

承诺看似只是一句话，背后却反映着一个人所处的环境、个人身份、信念和价值观。你是一个什么样的人，你认为什么东西最重要，这些都会影响人做出的承诺。

承诺并不仅仅是一种感性表达，它还是人权衡利弊后的选择。"我会跟你一直在一起"这句话可能还和利益相关，可能是情感利益，也可能是经济利益。当一段感情不能再给你带来情感利益或经济利益时，哪怕是海誓山盟，也终究会变成一张空头支票。

承诺的力量

在社会学中,有一个"承诺和一致原理",指的是人一旦做出承诺,就会不自觉地按照自己所说的那样行动,以证明自己的决定是对的。

在亲密关系中给出承诺的人,会做出更多有利于双方利益和长期发展的行为,以此来保护自己的关系。

首先,承诺会促进顺应性行为。有承诺在前,人们在相处的时候会压制自己的愤怒,以更平和的情绪来面对伴侣。顺应性还会让人容忍伴侣的破坏性行为,减少自己的攻击性。

其次,做出承诺之后,人还能表现出更大程度的牺牲意愿。在一定程度上,他会为了让关系更融洽,牺牲一点自己的利益,会做一些自己不喜欢、但伴侣喜欢的事。

最后,承诺还会改变一个人对亲密关系的认知,他可能会觉得自己的婚姻比别人的更好。

基于以上这些特性,在婚姻中,承诺的实现往往会让信任增加,信任增加又会让关系更亲密,关系更亲密就更容易让人做出承诺,如此构建出一个良性循环的相处模式。

承诺虽然是一种约束,难免让人觉得不自由,但实际上,正是因为我们都能在这种约束下行动,才能守住内心的边界,更坦然地与其他朋友相处。就像"自律给人自由"这句话一样，承诺也在给我们自由。

虽然承诺并不能避免关系中出现危机，但至少能让我们在问题出现时，不再着眼于一时的悲伤，而是能站在更长远的角度去看待婚姻中的起伏。

当承诺的程度跟不上亲密的程度

在今天的社会中，生活节奏加快，人们建立一段亲密关系的速度也快了起来。相处时间短，了解不够，很容易出现承诺的程度跟不上亲密的程度的状况。

于是，我们会发现，在亲密关系里，有些人很难做出明确的承诺。

恋爱时，一方想结婚，另一方却犹豫不决，没法给出明确的承诺，似乎担心自己选错人，或者觉得自己没办法做到跟眼前这个人相守一生。

还有一部分人难以做出承诺，这可能和他们的依恋型人格有关。疏离型依恋的人，回避亲密关系和彼此之间的义务，所以害怕做出承诺。恐惧型依恋的人，担心对方无法持续关注、回应自己的需求，所以用回避承诺来避免背叛和被抛弃。

当你发现自己与伴侣之间的承诺程度和亲密程度存在很大差距时，一定不能视而不见。你们应该找个机会谈一谈，找出对方不想做出承诺的真正原因，是对失去感到焦虑，还是说经历过背叛？只有找出原因，调整对承诺的认知，才能让关系变好。

此外，承诺与我们情感过程中的相关节点也有关系。约会、确定关系、同居、结婚，每一个节点，都意味着承诺的程度可能发生改变，但也许身处感情中的双方对这种变化的认知并不同，有人觉得确定关系就等于奔着结婚去，有人认为同居了才算考虑结婚，而有的人只有在订婚之后才认为"相守一生"的承诺正式成立。

因此，我们应该在关系发展的每一个节点上，都明确表达自己的态度，并确认自己是否跟对方想的一样，尽量将双方对承诺的感受拉到一条水平线上，否则就很容易陷入"我们现在到底算什么关系"的困惑中。

承诺虽然可能兑现，也可能最终落空，但拒绝做出承诺大概率不会让关系朝好的方向发展，我们不如筛选出那些真诚的承诺，利用好承诺的积极意义，去守护该守护的感情。

5. 有伴侣还觉得孤独，正常吗？

要谈亲密关系，还绕不开"孤独"这个话题。

很多人满怀期待地进入婚姻，却发现相爱时恨不得聊通宵的两个人，如今坐在一起却常常无话可说，甚至说了也觉得对方不会理解。明明身边有人，怎么自己却感觉更孤独了？

在婚姻关系中，觉得不被爱人理解会加深我们个体的孤独感，使我们丧失对婚姻的信心，而如果自己的孤独感得不到纾解，就会不断向另一半索取，给亲密关系造成压力。想要缓解婚姻里的孤独感，我们首先要对孤独有更深的认识。

亲密关系中绝大部分的孤独感，都来自期待落空。

被另一个人看见、理解、接纳、包容、赞赏，是很多人内心所渴望的。童年时代，父母可以满足这些需求，有能力的父母会尽量减少孩子期待的落空，等这些孩子长大成人，他们往往更善于表达自己的内在需求，也能从父母身上学会怎么去满足这种需求，这些人的孤独感往往更少。

但由于情感教育的缺失，上一代人其实很难满足我们的情感需求，所以有的人会把抵御孤独的任务交给爱情：努力爱一个人，并期待对方也爱自己。

爱没有错，希望付出得到回报也没有错，但这背后隐藏的逻辑却是：你用你的方式爱他，然后等对方用你期待的方式爱你。看似全力以赴，奔向的却只是"一个人的爱情"。对方甚至不知道你想要的到底是什么，或者知道了也无法完全做到，于是你感觉情感被忽视，内心更加孤独。

这种误区其实是把对方当成了实现自己完美幻想的工具人。两个成长境遇和生活阅历都不同的人走进婚姻，如果只站在自己的角度去索求情感，就难以建立起一定的精神链接，最终可能使两个人都感到孤独。

有关系，无亲密

有时候，孤独会促使人做出一些过分的行为，比如控制。

> 小曼是个很需要陪伴的女孩，她以为结婚后自己身边就会永远有人，事实却并不是她想的那样。
> 比如，老公是个交友广泛的人，下班后并不总是立马回家，有时候是跟朋友聚会，有时候是处理工作上的应酬。
> 理智上，她知道这些社交是正常的，老公没有出轨，也没有做不应该的事，但她就是忍不住想给

> 老公打电话，催他早点回家。一开始，老公还好好地解释，但一场饭局收到五六个电话，他不堪重负，甚至会选择关机。
>
> 小曼联系不到人更慌了，强烈的不安全感让她与老公争吵不断。老公觉得她变成了一个"控制狂"。小曼很委屈，她觉得自己需要老公，是一种爱的表现，老公不陪她，就是不爱她了。
>
> 在这段婚姻里，小曼和老公其实并没有达成心理上的相互理解。小曼的孤独感也许并不是来自无人陪伴，而是无人回应自己的需求。老公觉得被控制，也是因为他觉得自己的生活习惯不被尊重。

亲密的底层需求就是相互理解，不管两个人的浅层关系如何，只要缺了理解这一环，个人的孤独就在所难免。

其实，婚姻中的孤独感，大多都表现出一种有关系、但无亲密的假性亲密状态，这种状态往往有两种表现形式。

一种表现为消极依赖，只心心念念着对方为自己付出了多少，以此来证明爱的存在，而没有想过自己能为对方做什么。比如某些坚持"男主外、女主内"的男性，往往觉得自己只要把钱带回来，就应该得到妻子的全部付出，其实就是陷入了消极依赖的困局，自己主动放弃了给对方提供情绪价值的机会，把别人对他的认可局限在经济价值上，妻子得不到情感关照，怎么能不感到孤独呢？

另一种则走向反面,即开始过度疏远。一旦感受到孤独,就会被迫坚强起来,遇到困难也不再向自己的伴侣求助,觉得对方不仅不会理解自己,还会把自己当成麻烦,所以宁愿自己一个人扛下所有。这会让伴侣感受不到自己被需要,两个人的精神链接越来越松散,也会越来越疏远。

别让孤独阻碍了婚姻的幸福

缓解婚姻中的孤独感最直接的方法,是调整自己的不合理期待。你的孤独,需要你自己来面对。

这里说个可能违背大部分人认知的事实:越怕孤独的人,可能越需要独处。

我们一定在生活中见过无法接受感情空窗期的人。这样的人恋爱周期往往较短,失去新鲜感后随便一次争吵都能成为分手的导火索,他们几乎体验不到深度的亲密关系。这样的人自己也深受困扰,虽然每次都期待能谈一段长久的恋爱,但每次都失败。

其实,他们不是没挑对人,而是还没认清自己。无法忍受孤独的人,得学会独处才能抵御孤独。

英国心理学家唐纳德·温尼科特认为,独处是一个人与生俱来的能力。

因惧怕孤独而无法独处的人,离自己最远——因为没有时间停下来仔细听听自己内心的声音,体会自己最真实的感受，思考自己真正的需求，所以也不知道如何满足自己的需求。

还没学会与自己的孤独相处的人进入婚姻，很容易丧失彼此之间该有的边界感，对伴侣的不合理期待也是这么来的。其实，再亲密的夫妻，也还是两个独立的个体，有属于自己的精神世界。

孤独并不可怕，它是你真正认识自己的机会。只有学会与自己的孤独坦然相处，才能直面亲密关系中的孤独，因为你已经成长为能为自己的情感需求负责的人。

6. 吵架输赢不重要，爱才重要

伴侣之间吵架是再正常不过的事，鸡零狗碎可以吵，大是大非也可以吵。

总结我接触过的咨询案例，我发现，大多数人的吵架都只停留在口角上。两个人被情绪牵着走，只顾发泄，你说你的，我说我的，有时候说的根本不是一件事，听着都让人着急。情绪一过，两个人又跟没事人一样，日子继续过下去。但到了下一次，还是会因为同样或类似的事情吵起来。好像吵架只是锻炼了口才，问题却还停留在原地，依旧没解决。

我觉得，吵架的重点其实不关乎输赢，而是关乎爱。同时，吵架还是一项需要学习的能力，因为它也是一种语言表达的艺术。

争吵与"爱"有关

世界上没有完全相同的两片树叶，也没有完全相同的两个人，两个人相处得再好，也无法避免矛盾，因为冲突的根源是人与人之间的差异。

在生活中，我们跟同事、朋友、亲人，甚至是陌生人，都会因为价值观、生活方式、性格的不同而产生冲突，更别说朝夕相处的伴侣了。毕竟，人在其他人际关系里的期待值，往往要比亲密关系中的期待值低。

同一件事，面对同事或朋友，也许忍忍就过去了，大不了以后减少接触，和伴侣却不一样。一方面，人在亲密关系里的安全感更高，更容易放心地展现真实的自我；另一方面，婚姻不像其他关系，说断就能断，两人抬头不见低头见，回避矛盾没有用，该解决的问题，躲过了初一，躲不过十五。

此外，罗兰·米勒在心理学著作《亲密关系》中写道：亲密关系中天然存在四重张力，身在其中的人，无一不在面对拉扯。

第一种是自主性对联系性。我们选择结婚，是因为对亲密和温暖有需求，希望有一个人能够依赖。但同时，人都需要一定的独立空间，以守护自主权。所以，每个人都摇摆在亲密、自由与独立之间，当两人的需求不一样的时候，就很容易出现冲突。希望陪伴和希望独处的人，必然有一方得不到满足。

第二种是开放对封闭。亲密意味着自我表露，思想和情感都与对方分享。然而，人也有不想告诉任何人的小秘密，坦诚还是克制？犹豫之间，可能会互相产生不满。

第三种是稳定对变化。当一段关系平淡到稍显乏味的时候，人会有向往变化的欲望，此时很容易引发冲突。

第四种是个人社交圈的聚合对分离。这部分很容易理解，亲密关系不是我们人生的全部，朋友和家人也需要我们的陪伴。如果你在亲密关系中投入更多的时间和精力，就没时间维护自己的人际圈。现在很多夫妻还会因为过年去谁家吵架，就是这种聚合与分离的冲突。

虽然亲密关系里的冲突看起来很多，但并不是所有的冲突都会升级为争吵，因为爱会发挥一定的作用。

冲突一般发生在双方意愿相违背的时刻。比如，你想休息，但伴侣希望你能陪他/她约会，满足他/她就会牺牲你。如果你们的感情好，你完全可以满足对方的需求，顺应对方的同时表达爱意。

相对应地，当冲突表现为争吵的时候，你的愤怒和委屈，都是在向对方说一件事：我渴望你爱我。

其实，我们与伴侣争吵过的很多事，不存在绝对意义上的对错。虽然我们嘴上总是企图证明自己是对的，对方是错的，但内心其实是希望对方能关注自己的想法和感受。当希望落空的时候，很多人不自觉就会滑向一个思想误区：他/她不爱我。

因此，大部分的争吵，只不过是缺爱的一种应激反应。但"爱"并没有一个标准定义，一千个人眼里有一千种爱的表达方式，强求对方按照自己想要的方式来爱自己，并不现实。

所以，想要吵出水平，吵出效果，我们得绕开抽象的爱，学会用理性化解冲突，带着目的去吵架。 当你真正学会吵架这门艺术的时候，也就学会了守护婚姻的秘诀。

吵架的艺术

　　在开吵之前，我们可以做三件事，我把它称为"两调一控"：调整对爱的高要求、调整归因视角、控制愤怒。

　　爱并不意味着对方一定了解我们，能时时刻刻关注或发现我们的需求，谁也不是谁肚子里的蛔虫。有些情绪，甚至连你自己都搞不明白，更不用指望对方在你说出口之前就了解。所以，调整对爱的高要求，淡化自己的期待，是化解冲突的一种方法。

　　其次，我们吵架的时候，总有一个内在动机，动机又与你看待这件事情的视角有关。怒气上头的时候，我们会用非常消极的视角评价对方。比如，对方没主动洗碗，你就给他贴上懒惰的标签。这就是给人定性的做法。

　　但如果你合理推测，用善意的归因视角看事情，就能找出很多不稳定的外部因素。比如对方没洗碗，可能是一时忙忘记了，并不是故意这样做。当你把源头锁定在可以改变的外部环境，负面情绪就能被扼杀在萌芽状态，也让事情有了转圜余地，因为可改变意味着还值得付出努力，内心就有提出建设性意见的动力。

情绪还可以通过实际操作来控制。《正面管教》中提到过一个控制情绪的心理方法：积极暂停。

简单来说，就是在情绪变得更激烈之前深呼吸，把说出来一定会伤人的话咽回去，然后去一个自己觉得舒适的地方，恢复平静。

当然，控制愤怒一定是需要多次练习的，不可能一次做到。你可以跟伴侣提前说好，当你去了某个地方的时候，不是"离家出走"，而是去平息怒火了，让对方能安心配合你完成控制情绪的过程。

做到"两调一控"，其实就能避免很多争吵，剩下那不得不吵的架，就需要运用一套吵架策略。

首先，我们可以尝试把吵架当成一个工作项目。当项目摆在面前的时候，首先需要判断它的可执行度，也就是判断这个架应不应该吵下去。当一个人的大脑完全被负面情绪掌控时，是很难同时调用反思能力的。如果吵着吵着，伴侣或自己开始进入抬杠、钻牛角尖的状态，那吵下去只会越来越乱，气越撒越多。这样的架，不如不吵。

其次，我们需要带着目的去完成吵架这个项目。先搞明白自己的真正需求，然后表达你的期待和希望。

"你从来不在乎我"就可以变成"我感觉自己被忽视，内心很受伤，我希望能得到你的关注和理解，让我感受到你是爱我的"。

这样来说，一句充满怒气的指责，就变成了温和且富有感情的软性沟通。不被情绪牵着鼻子走的沟通，能让彼此发现关系里存在的问题，再有针对性地去解决。

最后，还有一个避免冲突升级的小妙招：不讲大道理，只讲小事情。

因为道理往往是大而空的东西，人人都知道，说多了难免有"好为人师"的感觉。所以，不论对方说什么，都建议要把话题拉回到具体的要求上。

吵架其实并不是一件坏事，它是一个人探索自我、了解对方的途径。我们要做的不是杜绝争吵，而是通过好的方法和手段，让吵架变成一种不伤害感情的有效沟通。

吵架这门艺术，也是一门爱的艺术。学会吵架，就是学会爱自己、爱对方。

第三章 CHAPTER 3

知战略

——我们都应该成长为婚姻里的CEO

1. 与父母的婚恋观不同，怎么办？

我曾当过9年的婚恋节目导师，发现一件很有意思的事情：当下年轻人的婚恋观比上一辈复杂多了。

上一代人对婚姻的理解相对简单，很多人按部就班地结婚、生孩子，男人养家糊口，女人相夫教子。

现在不一样了，人们的生活水平提高了，对伴侣、家庭、教育的要求越来越高。结婚不再只是单纯地过日子了，得考虑很多现实因素；生孩子也不再是添双筷子那么简单，去月子中心、买奶粉、请保姆、上学、报兴趣班、出国、给孩子置办婚房嫁妆等，全都是用钱的地方。夫妻二人只要有一个不上班，生活压力就可能成倍增长。

但同时，社会主流的婚恋观又没跟上这个快节奏的时代。一方面，老一辈总用过去的观念指导我们现在的生活，逢年过节的催婚环节，让不少人害怕回家；另一方面，年轻一代的婚恋观未必就不受传统影响，有时候自己也夹在中间摇摆，不结婚怕孤独终老，结了婚又担心自己承担不了那么多的责任和义务。结婚这件事，就变成了比以前更纠结难解的问题。

说到底，这种新旧观念的碰撞背后，是人们对婚姻的意义有了不同的看法。在上一辈眼里，家庭稳定的重要性远远超过了个人感受，虽然幸福度不一定高，但只要还有个完整的家，就不能说自己的人生失败。而今天，表面的稳定似乎已经满足不了我们对婚姻的需求，维持亲密、获得利益以及自我成长的附加价值，慢慢变成幸福指数的考量因素。

总而言之，现在我们遇到的婚恋问题，不单单是人和人性格之间的问题，还有观念差异带来的分歧。

如何与传统观念相处

在子女的婚恋问题上，中国父母的参与度非常高。奔波半生，攒一笔钱，把孩子送进婚姻殿堂，就算完成了人生的一大任务。而身为子女，常常又不知道怎么平衡自己和父母婚恋观的冲突。

很多父母对子女的生活其实了解不深，但总忍不住想提出建议。当你觉得父母说得不对时，不必生气，因为他们很可能并没有错，只不过不符合今天的形势罢了。我们要对抗的，不是父母，而是过时的观念。

跟父母有分歧的时候，我们不妨试试这么做：

（1）倾听他们的想法；
（2）尊重他们"为我们好"的出发点；

(3) 理解他们的局限性；

(4) 体谅他们为我们付出的努力；

(5) 告诉他们，自己没有不尊重他们意见的意思，只是希望可以有一次自己去尝试的机会。

在这个过程中，要让父母感受到我们对他们的爱。

最后我想说，人的婚恋观是有差异的，未必要贴上"进步"或"落后"的标签。适应新时代的婚恋观是一种大趋势，但这并不代表所有人都会适应。也许你也有很多旧观念，但你一样可以过得很好。

婚姻这件事，如人饮水，冷暖自知，幸福的定义权掌握在自己的手里。

2. 经营婚姻至少需要设计两张图

我认为，结婚就像找工作。

选择公司的背后，是你的职业规划在支撑；跟什么人结婚，同样应当由你的婚姻蓝图来决定。想把工作做好，有时候需要一份足够详细的项目流程图，而想处理好跟伴侣的关系，同样需要绘制一份详细的爱情地图。

经营婚姻，至少需要设计两张图：一张是婚姻蓝图，一张是爱情地图。

婚姻蓝图

婚姻蓝图，是一张以自己为核心的设计图。简单来说，这张图上写着的是你想过什么样的生活。结婚前，我们往往都会看未来伴侣的各项条件，比如外形长相、经济基础、精神追求，仔细衡量一番，才能确定这个人是不是好的结婚对象。

我遇到过几名女性来访者，结婚时的初心是想找一个靠谱、本分的好人，过日子会比较有安全感。她们的婚后生活确实没什么大风大浪,可却好像一潭死水。身边虽有个人陪伴,可惜没有共同语言,自己的精神世界很孤独,连带着看老公也处处不顺眼。

所以,预防婚姻不幸的最好时机是婚前。我们得立足于自己的需求,去寻找合适的人选。如果你希望以后能看更大的世界,那找个只图安稳度日的人,大概率会过不好。

婚姻蓝图也可以称之为一种婚姻观,它的来源有以下几个:年少时父母的相处模式在潜意识层面对你的影响;成长过程中周边的人和事对你的影响;亲戚、邻里、朋友、同学在亲密关系中的表现;你自己感情生活中的体验和经历。

在这些来源的综合影响下,你会思考很多具体的问题,比如:好妻子/好丈夫的标准是什么?美满婚姻是什么样的?希望伴侣身上有什么优点?最不希望婚姻中发生什么事?

问题的答案会帮你画一张框架清晰的婚姻蓝图,在框架之外,不管对方在其他方面表现多么优异,都不建议将其作为配偶候选人。也许你会觉得可惜,但请记住:择偶始终要以自己的需求为准。

如果你在结婚前对婚姻蓝图没有什么概念,也没关系。不妨在此刻想一想:你想过的日子是什么样的?这种生活预期与伴侣是否适配?

即便差距较大,你也不用绝望。一个人的生活,有时候是可以靠意志改变方向的。只要你有过上想要生活的决心,就会有新的力量。接下来,要么调整目标,要么通过自己的引导，去影响对方，带领对方一起朝你们都想要的婚姻生活努力。

规划蓝图之时，可以参考一些日子过得好的夫妻，学习他们的相处之道，结合自己的偏好，设定婚姻目标。在这个过程中，你的蓝图会脱离幻想，更加脚踏实地。

爱情地图

可能你会觉得，自己跟伴侣结婚多年，你一定比任何人都了解他，比如：对方开车的时候一定要听广播；对方回家第一件事就是进卫生间洗脸，等等。

是的，跟一个人朝夕相处，眼里看到的、耳朵中听到的信息全是关于对方的，就算不走心，时间久了也会形成肌肉记忆。这些信息数不胜数，占据了我们太多的大脑内存，以至于我们觉得自己对伴侣的了解一定足够多、足够深。

我的一些来访者对伴侣的生活习惯如数家珍，但说到矛盾的时候，就像走进了一片盲区，忍不住发出疑问："他/她到底是怎么想的？"

美国婚姻关系专家戈特曼曾提出一个概念叫爱情地图，它是指大脑中存放所有关于配偶的相关生活信息的地方，也是夫妻对婚姻的认知空间。

伴侣的生活习惯是肉眼可见的信息，属于爱情地图上的高速公路，可以让你快速抵达目的地。而肉眼观察不到的精神世界，则是爱情地图里曲径通幽的乡间小路。只有高速公路的地图，一定无法带你去更隐秘的世外桃源，只熟知伴侣的生活习惯，就不能宣称你了解这个人。

所以，想跟伴侣共度余生，你就得尝试学会去了解更完整的他/她，现实生活与精神世界都要挖掘。因为在婚姻中，你们为彼此画出的爱情地图越详细，就越能更好地处理应激事件与冲突。

如果你不知道从何下手，你可以设置问题，并给出回答，看你对伴侣是否真的了解。

问题可以从时间、事件、情绪感受、思考总结、改变迹象几个方面来设置。

比如：

> 伴侣小时候父母离婚，他/她除了难过还有其他情绪吗？这件事有没有对他/她的婚姻观产生巨大冲击？他/她现在不喜欢父亲/母亲是不是跟这件事有关？
>
> 初入职场时，伴侣是否经历过迷茫？他/她是如何解决职场上的困难，从而取得今天的成功的？他/她如今在工作中最大的压力是什么？
>
> 未来，伴侣希望成为什么样的人？他/她是否对5年以后的生活有具体的规划？如果有，这个规划是什么？

类似的问题可以列举好多个，最简单的方式是立足现在来提问，了解你们当下的状态，看看你们是不是陷入了"自以为了解"的误区。

然后，从过往生活中的重大事件聊起，因为现在的问题的答案可能藏在过去中。同样，从一个人的过去也能预测出他如何看待将来。

当话题围绕你们人生路上的失败与成功、伤害与疗愈、与父母的关系、理想与期望展开时，必然会触及心灵深处。

这也正是爱情地图的最大功能：记录你了解伴侣和探索自己的过程与结果。 当你在地图上添加了足够多的细节，自然就能组成一幅越发完整的人生图景，图上反映的是你们是谁，你们想成为谁，你们为了成为理想中的人，正在做什么样的努力。

同时，爱情地图也会"反哺"婚姻蓝图，当爱情地图越来越清晰时，婚姻蓝图规划也会越来越细化，自然而然地，幸福婚姻的大路就越发平坦。

3. 在婚姻里，争输赢不如"双赢"

当一个人在婚姻里觉得自己吃亏的时候，往往是陷入了争输赢的思维陷阱中。总想着自己是不是舒服，命运共同体就无法形成，在这种情况下，无论你选了多合适的对象结婚，最终大概率也会不幸福。

在被争输赢的思维掌控的婚姻里，没有赢家

为什么我们常常下意识地去争输赢？因为从小到大，我们都生活在同一种社会氛围下。上学的时候，考试就是一种竞争，成绩排名高低代表输赢。工作之后，职位高低也代表着某种输赢，以此衡量一个人成不成功。

于是，争输赢的思维也被不自觉地带入婚姻中。然而，婚姻的核心是合作，需要的是"双赢"思维。争输赢，从一开始就违背了婚姻的基本原则。

娇娇经常与老公冷战，在她看来，不管对错，

都不能是自己先低头，否则就是吵输了。刚开始时，老公还会给她道歉，后来，老公也不认错了，冷战时间越来越长，最长的一次，两个人有三周没说话。

又一次争吵后，老公提出离婚。娇娇很疑惑，做错事的是他，他怎么还委屈上了？老公说了一段让她难忘的话："你对了，我认错，你咄咄逼人。我对了，我还是认错，你却连句软话都不说。既然你这么想赢，那我退出，你就永远当大赢家吧。"

娇娇这才发现，自己的胜负欲好像已经凌驾在婚姻之上。如果只想着不能输，吵架可能会赢，但感情也可能会走向破裂。

总是想赢的人，往往采取以自己主观意志为主的行动。大多数人都不喜欢输的滋味，如果对方也是爱争输赢的人，输过一次，他往往会想办法赢回来。当报复心理占据大脑，两人之间只剩针锋相对，恶性循环就此开启。即便不想着报复，那可能也会像娇娇的老公一样，在长久的压抑后，选择离婚。

毫无疑问，在被争输赢的思维掌控的婚姻里，没有赢家。即便一方暂时占上风，结果也大概率是两败俱伤。

用"双赢"思维来经营婚姻

在一段婚姻关系里,"双赢"思维的核心是:希望双方都能幸福,并愿意为此付出爱和牺牲。

用"双赢"思维来经营婚姻,人的行为导向永远是朝着成为命运共同体的方向而努力。"双赢"思维会让我们对家庭成员的容忍度提高,不会吹毛求疵,因为我们知道,忍耐不是退让,是为了防止双方陷入消极争吵,在更平和的氛围中解决问题。

既然是"双赢",两个人的事就不会只想着自己解决,而是会寻求协作,在这个过程中,一次次的沟通又增进了彼此之间的了解。

"双赢"思维的最大好处,是它能激发出创造力。每个人的思考都有局限,听你的或听我的,未必能提出最佳解决方案。两个人坐下来好好商量,就有可能提出一个较好的解决方案,既能满足双方的要求,还能让关系更加亲密和健康。

我一直认为,好的婚姻不是像两个咬合在一起的齿轮一样不知疲倦地运转,而是两个人通过彼此的眼睛,看到自己看不到的世界。如果说婚姻是一所无需毕业的大学,那唯有"双赢"思维,才能带我们不断学习新课程,而不是在狭隘的自我中来回挣扎,找不到出口。

我建议大家都学会做"双赢"思维的倡导者,让事情往积极的方向发展。当然,并不是在所有情况下我们都能找到双赢的办法,有些事情依然需要我们用爱来包容,做一点小小的牺牲。

也许在践行"双赢"的过程中会有无法完成的情况,但只要双赢的理念根植在心中,我们就会看到彼此的成长与变化,获得走向幸福的动力,并为此尽到自己的义务。

"双赢"思维是夫妻双方合作的精神纽带。有"双赢"思维的夫妻,日子都不会过得太差。

4. 经营婚姻，需要一点经济思维

近些年，"婚姻经济学"是一个很火的概念，它最早由诺贝尔经济学奖得主加里·斯坦利·贝克尔提出。贝克尔还把经济学方法引入婚姻行为分析，写了《家庭论》一书。

当经济学家开始从经济学角度来分析婚姻的时候，就在提醒我们，婚姻作为一种人类行为，已经不能单单靠非理性的情感来解释。

如果我们跳脱出抽象的爱，用经济思维来看婚姻，就能在情感纠葛中找到一条经营关系的理性之路。

把婚姻看成一次投资

把婚姻看成一次投资——虽然这样说会显得太过现实，但从经济学的角度看，婚姻的本质确实建立在交换之上。在进入婚姻之前，我们有必要把风险考虑在前面，把婚姻当成一次长线投资，盘点清楚成本与收益，这样生活才能更加踏实。

《懂经济学的女人更幸福》一书中曾说道："婚姻成本的

主要表现形式不是体现在金钱上,而是体现在结婚后自身价值的贬值,以及权利的丧失。"

所以,只看钱,格局难免显得有点小。婚姻中的有形成本,是婚后生活的开支;婚姻中的无形成本,则是在法律和道德的约束下,你失去的选择机会。

如果离婚,你还得考虑离婚成本,你会感慨婚姻退出机制的复杂,毕竟再好聚好散的离婚,都会给双方造成一定的伤害。

婚姻中的收益,往往体现在双方的互惠互助上,比如情感上的满足、经济实力的提高,还有家庭和谐稳定带来的社会层面的优势。

结婚,要知己知彼。如果你对要与你共度余生的人没有充分的认识,那么结婚就是"抓瞎"。婚姻的成本与收益一旦失衡,就很容易走向离婚。而一个善于投资的人,会把成本与收益都列出来,尽最大努力争取投资与回报呈正比。这考验的是一个人的理性、判断与胆识。

婚姻账单与消费技能

在家庭中,理财是非常重要的。我认为,理财应该是进入婚姻的每个人都必须学习的技能。

理财听起来很专业,但放到大多数普通家庭里,就是开源节流,学会花钱和挣钱。

首先,你要整理一份生活清单,列出哪些地方需要花钱。花钱后,整理出与清单对应的账单。两相比较,你就会发现一些不必要的开销。这是节流的第一个原则——把钱花在"刀刃"上。

节流的第二个原则,是提高消费的性价比。省钱不是图便宜,而是让你的钱花得更有价值,用较少的钱满足我们的需求。这是省钱的真正意义。

比如,逛街时看到一个不错的电饭锅,你的第一想法不是立马买下,而是先看是否真的需要。如果家里有,则要看情况。如果原来的不能用了,那买的时候可以先考虑产品的功能性,再尽量选择性价比更高的。

如果你能把钱省下来,那"开源"也就能安排上日程。有很多途径可以让省下来的闲钱再生钱。最直接的方法就是购买理财产品,但它的风险比较高。如果你真的懂理财投资,那你可以放心大胆地投;如果不懂,最好是先少投一点,试试水。

更实在的开源选择,也可以是用闲钱去学习一项可以挣钱的技能。比起买理财产品,这个或许更安全。比如,用闲钱投资自己,学习心理学的课程,拿到职业证书,就可以开启自己的副业生涯。

能把理财做好的人,婚姻这项投资就稳了一半——不仅让家庭财富增值,还能让自己经济独立,实现自我成长。

情感银行

当然,经营婚姻不是挣钱做买卖,感情才是关系中的重中之重。经营好夫妻之间的"情感银行",是婚姻投资的另一项内容。

大部分人都有自己的银行账户,我们会持续存钱,需要用钱的时候取出,用以支付生活中的各项开支。经营"情感银行"也是一样的道理:存,代表积极的情感体验;取,则是用来应对婚姻中的负面状况,但这种行为会消耗感情,让关系疏远。

"情感银行"是婚姻中信任和安全感的保障。当你们在亲密关系中经历的积极情感体验越多,比如互相的赞美、理解、支持等越多,你们就越容易解决问题。

当然,有效的情感储蓄一定要建立在真诚的基础上,违心的行为等于"假钞",无法存到情感银行里。

"情感银行"的建立和维护,有几个必须遵循的原则。

首先,最重要的是不要为了"取款"而"存款"。如果你决定做一件可能伤害对方的事,但为了维护关系而提前讨好对方,就是在恶意操纵情感账户,不仅会损害关系,甚至还会让关系到达无法修复的地步。

其次,存钱的前提是用对"货币"。对你适用的情感投资,未必对伴侣也适用,这就要求你去了解什么样的体验对他来说才是积极的。相应地,你也得让伴侣知道你的"情感货币"是什么。当你们两人都能做出让对方开心的事,才算是有效"存款"。

最后,"情感银行"需要长期维护。对一段持续很久的关系来说,时不时的小额"存款",比猛然的一笔"巨款"更能发挥作用。婚姻里看似无关紧要的小细节,正是决定感情好坏的重要因素。比如,随手帮伴侣一个小忙,抓住机会关心对方,这些都是在向"情感银行""储蓄"。只有情感储蓄够多,你的婚姻才能经受得住考验。

5. 你敢不敢领导你的婚姻？

美国前国务卿亨利·基辛格曾说："人类的各种机构，如国家、宗教、军队、公司、学校等，都需要领导力来帮助人们从现有位置努力达到过去从未到过，有时连想都没想过的高度。"

我认为，婚姻也可以算作一个小型机构。在婚姻关系中，夫妻双方都需要重视领导力的培养。因为在家庭这个组织中，每个人都会影响别人，也会受别人影响，因此，每个人都具有潜在的领导力。把自己的领导力发挥出来，才能做幸福生活的带领人。

管理力 VS 领导力

我虽然常常说要把一个家当成公司来经营，但也发现不少人对管理力和领导力的理解有些混淆。很多人认为自己能把家里各项事务安排妥当就是领导力的表现。实际上，领导力与管理力之间存在本质的区别。

不管是在家里还是在工作中，有管理能力的人不一定有领导力，因为管理力往往是解决技术性问题，而领导力更倾向于解决挑战性难题。

家里的各项事务属于技术性问题，不管谁来负责，都体现的是管理力。领导力一般体现在重大决策上，比如：孩子上什么学校？私立还是公立？当双方意见不一致时，如何解决？

类似孩子上学的问题，选不同的学校一定有不同的照看方式，接送由谁来负责？学费是不是能轻松承担？这些问题都会影响夫妻各自的切身利益。只运用管理力，你可能会站在为孩子好的角度上，做不利于另一半的选择。比如备选的学校里有一所离伴侣公司近，你可能就会要求伴侣付出额外的精力承担接送孩子的责任，并把这件事当成理所当然。

而有领导力的人不一定会这么做，他可能会全面衡量两个人在这件事中的精力分配，选那个更能激发伴侣责任心的选项，让对方心甘情愿为孩子付出。这就是管理力和领导力的另一个不同：管理力是由外而内的管控，往往只求解决问题，领导力则是由内而外去影响一个人的精神世界，是去影响问题背后的人。

在婚姻中，领导力凸显在每一个需要决策的时刻，以保证做出的决策不是把问题只留给婚姻中的一方，而是让两个人共同面对。

如何在婚姻中施展领导力？

领导力的一个重要精神就是奉献。著名企业家、小米的创始人雷军在一次演讲中谈到他的领导之道。他认为，跟人合作挺容易的，就看你愿不愿意多干活，有功劳有钱拿的时候，可以少拿一点。多干活，少拿钱，谁都愿意跟你合作。

可能会有人说：付出多不就意味着吃亏吗？这件事，我们得从长远来看。假设你跟伴侣在某一件事上产生分歧，选择A方法来解决，你的满意度是90分，但对方的满意度是0分；选择B方法来解决，你的满意度是80分，但对方的满意度是90分。

这时候，你怎么选？只看眼前利益的人，会选择A方法，因为对自己更有利。而有领导力的人会选B方法，虽然自己的利益少一点，但对整个家庭来说，整体利益从90分变成170分，差不多翻倍了。

这就是所谓的"吃小亏，成大事"。愿意在合作中奉献的人，会成为资源和利益交换的中心。这次你让一点，下次伴侣就可能会让你一点。但不管对方下次让不让你，你们之间的合作都更加紧密了。

婚姻里的奉献，不是单纯付出，而是在利己与利他中找到平衡，即便牺牲一点自己的利益，只要两人的利益总值最大化，就是值得的。

有领导力的人，往往愿意向别人主动低头。夫妻吵架的时候，有的女人总是等着老公先道歉，看似维护了自己的自尊，其实是失去了一次施展领导力的机会。先道歉并不是低人一等，反而掌握主动权，让对方知道你有解决问题的意愿和解决问题的方法，并且愿意带领对方一起解决问题。

同样，在婚姻关系里愿意先付出的人，是在主动创造相互付出的婚姻氛围。主动是一种优势，能让你在初期就建立起你想要的、健康的婚姻模式，因为你手里握有"健康婚姻"的定义权，伴侣会在你的领导力的影响下，成为这种模式的追随者。

所以，请你培养自己的领导力，学习在婚姻中运用它，并敢于做带领伴侣走向幸福的人。领导力的最高境界是走心，用你的实际行动去感染对方，你们的婚姻一定会变得越来越幸福。

第四章 CHAPTER 4

知金钱

——婚姻里，怎么谈钱不伤感情？

第四章　知金钱——婚姻里，怎么谈钱不伤感情？

1. 你敢和伴侣谈钱吗？

这一章，我想写给所有因为钱吵过架的情侣和夫妻。虽然大多数人结婚都是以爱情为基础的，但如果让我给婚姻安全划一条"底线"，那一定是钱。不信你可以在网络上搜一下，在"结婚"这个关键词下面，大部分人在分享幸福，但在"离婚"这个关键词下面，不少人在讲述怎么分财产，或者如何争取孩子的抚养权。

一旦走到离婚的地步，很多人往往会争夺最切身的利益，比如金钱。

所以，凡是婚前来咨询我的人，我都建议对方一定要和伴侣谈谈钱。多年的创业经历告诉我，企业管理中有一项非常重要的工作，叫风险管控，意思就是管理者通过采取措施，减少风险事件发生的可能性，或降低风险事件带来的损失。

代入婚姻中，先把钱的事谈好，可以看作是婚姻财务安全的一种风险控制措施。

但我发现，很多人误会了"谈钱"，以为谈好了婚房、彩礼，就算是谈过钱了。其实这些远远不够，这些婚礼习俗中的大项支出是一次性的，结婚之后柴米油盐等日常开支才是影响婚姻生活的重要因素，但往往被人忽视。日常开支这笔钱，不只是数字，更是一个人金钱观、价值观、人生观的体现。所以，我说的谈钱，不仅仅是谈数字，更是谈人性。

我见过的所有婚姻幸福的夫妻，大都是敢张嘴谈钱，并且能把钱谈明白的人。他们的风险控制意识特别强，明白钱对婚姻的意义。而那些总是因为"该不该花、花多少"互相扯皮的夫妻，大多是因为前期的风险管控没有做好。

不敢谈钱，是因为没找好时机

国外有一项研究表明，在夫妻的争吵中，因为钱吵架的比例占40%，而且会导致很高的离婚率。为什么谈钱会伤害感情？

这里就涉及心理学上的一个理论——金钱单行道定理。我们生活中的关系大致分为两种：一种是情感关系，比如你与伴侣、朋友、亲人之间的关系；一种是经济关系，比如你与老板、同事、创业合伙人的关系。单行道的意思是，从感情关系变成经济关系相对容易，但从经济关系变为感情关系就很难。

夫妻之间原本是感情关系，但离婚时坐下来分割财产的时候，就变成了经济关系，很难再回到感情关系中，因为谈钱让人变得理性，多少会伤害一些感情。

要想降低谈钱对感情的伤害,我们就需要选择谈钱的时机。

最好的时机是在双方感情还比较好、没开始吵架之前。刚结婚时情意正浓,我们更容易原谅对方的小错误,也更包容对方。这时候谈钱,是用感性的力量压制理性,可以把伤害降到最小。

如果你们已经因为钱开始吵架,那就要等负面情绪消散之后再谈。

值得注意的是,夫妻之间谈钱,不能当成一场交易。建议多谈一谈双方美好的婚姻愿景,谈一谈双方的权利和义务,避免赤裸裸的数字计算。

识别我们的金钱观

很多夫妻为钱吵架的一个根本原因,是金钱观不同。简单来说,金钱观就是花钱的原则和赚钱的原则。在这一点上,其实很难存在金钱观完全相同的人,因为一个人的金钱观,往往与他的原生家庭息息相关,同时教育、社会文化环境也会对其产生一定影响。

人对钱的看法的差异有时候非常大,两个人在一起,不能单纯站在自己的角度,去判断另一个人的钱花得值不值,而是要了解背后的金钱观差异。

涉及钱的部分,所有的个人感受,建议都不要藏着掖着,不能说对方觉得你不该花这个钱，你就不花这个钱。每一项消费的目的不一样，你要有清晰的自我判断。有的是享受型消费，往往花钱图个开心，满足自身情绪价值；有的是发展型消费，比如投资自己，学习一项新技能，短期看好像没有明显价值，但这项支出极大可能在未来取得收益。

与伴侣沟通花钱的目的，是增进了解的途径。对一个家庭来说，哪些钱该花，哪些钱不该花，不是一个人说了算，而要从双方的共同利益出发。你可以维持个人的消费习惯，但要以不损害共同利益为前提。

建立自动管钱的机制，避免频繁谈钱

避免谈钱伤感情的另一个好方法，是建立一个自动管钱机制，大家自觉遵守这个原则，久而久之就不需要再谈钱，也就不必再因为谈钱伤感情。

这种机制首先需要我们把自己的财务状况公开，包括双方的收入、债务、原生家庭的经济状况等。

坦诚相待有两个好处：一是在前期就建立起两个人之间最基本的信任；二是确保家庭理财制度建立在真实的经济基础之上。

另外，我们得对设立的家庭财务管理制度达成共识。这种共识建立在两个人共同的婚姻目标上。它不止跟钱有关，也关系到两个人的日子能不能越过越好。所以，我们不是在为了钱设立制度,而是在为了感情设立制度。

因此,除了关注收入、支出、储蓄,学会关照情绪也很重要。比如,可以拿出一部分钱,作为两个人的"情感基金",用于约会、享受生活乐趣等。

在婚姻里,金钱和爱都是不可或缺的资源。随着生活的变化,两个人可能会迎来新的与钱有关的矛盾,但只要我们把谈钱这件事跟谈情这件事结合在一起,就会自然而然地发现,钱是生存的条件,而爱是生活的养分,它们不仅不是敌对关系,还相辅相成,可以让我们的婚姻变得更好。

2. 金钱观不同，婚姻还能继续吗？

小李是我的一位男性学员，他出生在农村，凭借自己优异的成绩考上了大城市的重点大学。读研期间，他认识了自己的女朋友阿月，两个人一同毕业，在家乡附近的一座城市找到工作，随后结婚。婚后，小李发现了一个问题，那就是他和阿月的花钱方式太不一样了。

阿月是在城市里长大的独生女，家庭条件说不上富裕，但从小到大没缺过钱。恋爱时期，两个人学业繁忙，对约会的形式和地点没太多要求，送花、吃饭、买些小礼物就能制造浪漫和惊喜。小李虽然负责了大部分的约会开销，但家里给的恋爱基金足够覆盖，他并没有感觉阿月花钱大手大脚。

婚后，两人工作刚起步，工资其实都不算高，小李的工资卡算是上交了，只留一部分钱作为生活零用。小李觉得成家之后，就应该省吃俭用，为未来做准备。他吃公司食堂的饭，把烟也戒了，非必要应酬一概不去。但阿月花钱却并没有节制，她周末常常跟妈妈或同事去逛街，买回来的衣服、包包、鞋子装满了家里的衣柜，两个人的共同账户上没攒下一分钱，有时候房贷都要小李的父母来帮忙还。小李说了阿月几次，每次阿月都生气，觉得小李不爱她。

两个人爆发了一次大的争吵，阿月骂小李是没出息的"抠门男"，小李说阿月就是个自私的"购物狂"。盛怒之下，两个人差点分居。小李非常不理解，又生气又委屈，明明是她乱花钱，怎么还成了自己的错？

小李和阿月看似是在为钱吵架，但钱只是表面，实际上反映的是两个人的金钱观不同。

小李和阿月的家庭条件不同。小李的家庭条件不如阿月，他认为现在能过上更好的生活，是因为自己努力赚钱，而且花得少，因此，他的金钱观是节约储蓄型。而阿月从小就不愁吃穿，是父母眼里的小公主，她的金钱观一直是消费型，并且她把钱跟"爱不爱"对应起来。

金钱观的背后，往往藏着我们的内在恐惧

与伴侣金钱观存在差异，这无法避免，因为金钱在我们每个人眼里的意义都不同。在心理学上，金钱或物质，是一

个人内心需求的外显。因为钱产生矛盾,就是需求没被满足,进而产生恐惧。

比如,如果一个人在小时候,父母总是通过买东西来表达对孩子的爱,而不是通过情感上的安慰,那长大之后,他可能就会通过要求别人送东西或给钱来证明爱。这也能解释阿月对小李的不满,她不肯让步,是因为觉得自己一旦让步,就没有其他东西能证明自己被爱,安全感受到极大的威胁。

让我们再看一个案例。

> 有一对结婚近二十年的夫妻,基本实现了财务自由,妻子突然养成了去高档餐厅吃各国美食的习惯。实际上,她花的钱并不影响生活,可丈夫却觉得,吃那些盘子大、东西少的食物,完全是花冤枉钱,指责妻子是在交"智商税"。
>
> 但在妻子心里,她觉得自己为家庭付出多年,日子终于宽裕了,值得通过享受来犒劳自己。她花钱买更高质量的服务,吃以前没吃过的食材,是想证明自己值得拥有更好的东西。丈夫的指责,就是不理解她,不认可她的价值。

此外,我们还发现,大多数男人与女人对钱的态度,似乎有点不一样。男人往往偏向于把钱跟成功挂钩,而女人则更多偏向于把钱跟爱挂钩。

钱要花在刀刃上，不仅仅满足物质上的需求，也满足内心的需求。夫妻俩为钱吵架的时候，如果能透过现象看本质，了解一下自己和伴侣真正想要的东西，也许就能豁然开朗。

金钱观其实也是婚姻观

除去精神需求，对钱的态度，其实也能反映出人对婚姻的态度。

以前在农业社会，一个大家庭里的成员，往往都在为一项工作付出劳动，很难分清谁挣得多，谁挣得少，资源紧缺，只能共享，也就没有所谓 AA 制的说法。现在，工作不同，工资不同，谁挣得多、谁挣得少一目了然，也就有了你我之分。

有些时候，夫妻为钱吵架，其实是在吵"你、我、我们"的关系。结婚前，你是你，我是我。结婚后，两个人就从恋爱时的"简单合作"变成了"深度合伙"，但要成为真正的命运共同体，还需要不断磨合。在磨合期，夫妻对"我们"的范围的理解难免不同步。

比如，收到的彩礼算女方自己的，还是可以作为家用？婚后钱应不应该放在一起？或者，工资应不应该上交给伴侣？孝敬一方父母的时候，能不能用双方共同账户的钱？把这些跟钱相关的问题都讨论明白之后，才算是真正把"我们"的范围界定清楚。

钱反映出来的另一重婚姻观，是伴侣之间的信任问题。俗话说，"亲兄弟，明算账"，人为了保护自己的财产利益，涉及经济往来的时候，都非常谨慎。所以，在婚姻里解决钱的问题，其实也是在解决信任的问题。

有些夫妻之间的信任度非常高，一方把钱交给另一方很放心，并不会过多询问钱花到哪儿去了，为钱吵架的时候也少。但也有些人，或许生性多疑，或许过去有过被背叛的经历，因此很难完全相信别人。对他们来说，花钱可能不那么重要，重要的是自己要知道。这时候，一本公开透明的账本，往往就能让他/她放心。

此外，人对信任的定义也不一样。一个看重钱的人，觉得自己把钱给伴侣，就是能交付的最大信任。但在对方眼里，频繁过问钱的去向，就是一种不信任。而再亲密的关系，一旦信任崩塌，也很难重新建立信任。所以，守护来之不易的信任，就是守护婚姻的幸福。

总而言之，婚姻里的钱，不是关于数字的计算，而是关于人心的认知。"抠门男"和"购物狂"，没有谁对谁错，他们的差异，只是价值观和婚姻观的差异。能不能过下去，要看彼此对差异的理解有多深，也要看双方是否能把差异调和到不伤害感情的程度。

3. 你的婚姻是哪种管钱模式？

在家庭财务管理这件事上，管钱往往是吵得最凶的话题，几乎人人都有自己信奉的原则。有人说，女人不管钱，男人就容易出轨；也有人说，男人不管钱，女人就会乱花钱；还有人说，男人愿意让女人管钱，就代表铁了心要跟她过一辈子……

这些论调很容易误导人。一方面，它们只是一种生活经验的总结，而不是放之四海皆准的真理，对别人适用，未必对你适用；另一方面，这些话的底层逻辑是用钱管人，如果你真的相信了，然后把管钱当成控制伴侣的一种手段，那你很可能就成了金钱的奴隶。

谁管钱，怎么管钱，核心永远是共同利益，而不是个人利益。理解这一点，再去寻找合适的家庭管钱模式，才能不忘初衷。

合并账户还是各管各的

在一个家庭里，管钱模式无非两种：合并账户或各管各的。在大多数家庭里，对于管钱一般是怎么方便就怎么做。心理学研究发现，不同的管钱模式会影响家庭开销。

把账户合并在一起的夫妻，买东西的时候，更偏向于实用型消费。因为共同账户不仅仅是把钱放在一起，也在时刻提醒他们家庭共同利益的存在。所以，即便有一个自己特别喜欢的享乐型的商品摆在眼前，人也会下意识地考虑性价比，如果这件东西稍微贵点，买下它的心理压力也就更大。而账户分立的夫妻，常常有一种"我自己挣的钱，想怎么花就怎么花"的心态，对享乐型消费的克制就比较少。

所以，家庭收入不高的夫妻，合并账户是一种能省钱的模式，一笔被标注为夫妻共同所有的钱，更容易被花在实用的地方。如果家庭收入较高，认为花钱就是给生活增加情趣，那分开用钱，也不失为一种锦上添花的做法。

合并账户能在心理上增加夫妻之间的亲密度和满意度。 账户合并之后，不管谁来管钱，伴侣双方都会不自觉地想参与花钱的决策，于是就有更多的沟通，彼此的想法得到交流，换位思考也更顺畅，尤其涉及大项开支，会给人互相支持的感觉。

各管各的钱虽然守护了个人财产的边界，但也会助长人的自私欲望，因为当一切的花钱习惯都围绕着自己展开时，思维习惯就再难拉回到合作状态，劲儿不往一处使，两个人之间的矛盾和隔阂，自然就会越来越深。

从这个角度来看，合并账户不只是合并了两份钱，也合并了两颗心。

幸福的婚姻，是谁在管钱？

管钱这件事因人而异，没有固定的模式，但有对家庭和谐更有利的方式。

在婚姻里，最好的管钱人选，不是男人，也不是女人，而是理财能力更强的那个人。理财不是单纯地让财富增长，而是一种集合了判断力、组织能力、分析能力的综合能力。

日常开销、人情往来、子女教育、父母赡养、**储蓄**、家庭备用金、保险、投资……一个家庭用钱的地方其实不少，每一个都是需要计算投入产出比的小项目。能挣钱当然重要，但会挣钱的人不一定会理财，能把钱安排到它最合适的位置上的人，才是理财高手。

我认为，婚姻里最好的管钱模式，是合并与独立共存。共同账户用来支付家庭中所有实用性的开销，"私人小金库"则负责为生活增添情趣。在双方都能共同承担责任的基础上，每个人可以适当留有一部分自由支配的资金，用来送伴侣礼物、满足个人想要的物质或精神享受，这样的模式最容易让双方都满意。

切记，管钱是一件与婚姻和谐高度相关的工作，千万别为了图方便，或者想当甩手掌柜，就把管钱的任务交给不适合的人。如果你的伴侣是一拍脑袋就花钱的"冲动型消费者"，或者是耳根子软、爱借钱给人的"慈善型消费者"，那一定不要把管钱的任务交给他/她，不然就会多出很多笔家庭烂账，后悔都来不及。

最后我的建议是，不管你对钱的认知是什么，结了婚的人，都应该学一学理财，把管钱这个"工具"用好，如此才能把婚姻的"地基"守好。

4. 彩礼的那些事儿

在我写这篇文章的时候，最高人民法院发布的"彩礼新规"正式施行，针对借婚姻索取钱财的行为，进一步明确了处理方法。

一对恋人因为彩礼的事情闹到法庭的不多，闹到退婚的却不少。不少为彩礼头疼的男女非常疑惑：明明谈恋爱的时候好好的，甚至连婚房都置办好了，怎么偏偏在彩礼上谈崩了？

其实，彩礼是即将缔结婚姻关系的男女双方家庭在多个层面上的博弈。

彩礼的本质和意义

本质上，彩礼是结婚时男方家庭给女方或女方家庭的一笔钱。在不同的时代，这笔钱的意义并不一样。

中国自古流行妻随夫居，所以才有"嫁出去的女儿泼出去的水"这种说法，女方家庭等于是让渡了女儿的人身权利，彩礼钱也由父母接受，自行安排怎么花。

但现在，社会文明进步了，结婚的年轻人大多独立居住，不跟家长一起过日子。彩礼这件事的经济意义，也跟着钱的去向，变得更复杂。

如果女方父母心疼女儿，他们接过彩礼，转头就会返还给女儿，由女儿自由支配，那这笔钱，大概率就是给女儿组建小家庭后的一种经济补偿。如果父母接受全部或者一部分，那这笔钱就是对父母养育女儿的付出做出的一种补偿。但不管是哪一种去向，彩礼在今天的经济意义，都带有一定的补偿意味。

有些情况下，彩礼作为一笔钱，它的经济意义要小于它的面子意义。在熟人社会中，婚丧嫁娶的规格是大多数家庭要争的脸面。风光大办的婚礼，有时候是给别人看的。而彩礼给多少，也是街坊邻居、七大姑八大姨乐于打听的细节，因为它象征着男方的经济实力和社会地位。不少家庭都希望自己的女儿嫁个好人家，这时彩礼就多了一重攀比的功能，给得越多，往往证明女儿嫁的家庭越好。

自然而然，彩礼在表示请求联姻信号的同时，也代表了男方对女方的态度，是否足够珍视女方，要看彩礼给得到不到位。

于是，在经济意义、面子意义、态度展示的三重夹击下，彩礼成了结婚前的一个大坎，谈妥了皆大欢喜，谈崩了可能就不欢而散。

其实，在中国，彩礼的习俗之所以能传承下来，是因为

它本质上就是一种带着美好祝愿的礼仪。礼仪支出并不是纯浪费，它对我们的社会生活起重要作用，有时候是增进情谊，有时候是维护社会制度的稳定。

所以，彩礼该不该收，收多少，是一件需要具体问题具体考虑的事，看清彩礼的本质，带着爱去商量钱，彩礼就能挣脱冰冷的交换意义，为生活博一个好彩头。

第五章 CHAPTER 5
知技巧
——如何选择好的结婚对象?

1. 用等价原则，找到好爱人

在婚恋市场上，有一个古老的标准沿用至今，叫"门当户对"，这其实就是等价原则的另一种表述。在现实生活中，双方条件悬殊的伴侣，不少都过得不幸福。

这其实不难理解，在不对等的亲密关系中，可能刚开始你侬我侬、情深意切，但等荷尔蒙带来的迷醉感消失后，人很快就会回归理智。理性对比之下，"不平等"就像是房间里的大象，人人都无法忽视它带来的挤压。更具优势的一方很可能会觉得不满足，明明以自己的条件，能找到更好的伴侣，而相对弱势的一方则可能会陷入焦虑不安中，总担心自己配不上对方。

当双方都希望能尽快消除不平等带来的负面情绪时，更具优势的一方很容易不自觉地霸占话语权，变得颐指气使，而相对劣势的一方出于补偿心理，变得予取予求，甚至不敢得罪对方，内心委屈也选择忍气吞声。这种隐隐的对峙，总有一天会爆发。

"门当户对"的亲密关系之所以能维持更久、幸福度更高，是因为爱情并非始终是盲目的，人在选择终身伴侣的时候，大多会考虑对方的条件。如果双方的成长环境相似，人生观、价值观没有太大差异，恋爱过程中就少了因为地位差距带来的争吵，这样的婚姻幸福指数也就越高。

所以，相亲并没有那么可怕，比起自由恋爱，它只是把功利性放在了明面上。相亲也有非常积极的作用，相亲的双方都爽快地把世俗条件摊开，也等于是将恋爱中的矛盾前置，可以充分地考察对方的条件，避免在爱情的冲动下进入不平等的关系。

如何提高恋爱胜算

在恋爱这件事上，第一印象很重要。初次见面时的言谈举止，往往足够埋下吸引对方的"情感种子"。

国际知名两性情感专家莉尔·朗兹在《如何让你爱的人爱上你》中提供了很有学习意义的技巧。

首先是恋爱准备。人们倾向于觉得合适的恋爱对象，只会出现在一些固定的社交场合，比如有单身人士的朋友酒局、有共同爱好的社群聚会等。如果你也是这种心态，那你也许没意识到，你可能错过了开启恋爱的机会。爱情不会只在你收拾妥当打开心门的时候来，拥有"时刻准备去爱"的身心状态，才能让你把握住给对方留下美好初印象的机会。

其次是目光接触。著名的"鲁宾爱情量表"测试发现，热恋中的情侣在聊天时凝视对方的时间要比普通人长很多。

把这个结论反向推导,有研究表明,当目光接触占到交谈时间的75%以上时,大脑分泌的苯乙胺就会让人从潜意识里觉得你们已经相爱。如果你有喜欢的人,不妨试试在见面时用多情的目光直视他的眼睛。

最后,是充分展现自己的优势。不管是外貌,还是学识、性格上的优势,你都可以向对方展示自己最好的一面。

2. 如何判断恋人是否适合结婚

我的一位女粉丝曾私信咨询我，她想在一年内结婚，但眼下有两个候选对象，她不知道该选谁。

她和男朋友是在她工作的城市认识的，比她小一岁。两个人谈了两年，本来感情挺稳定，但说起结婚的事就产生了分歧。男方目前正在创业，不想过早结婚，想着再等一两年，但她觉得自己已经28岁了，想尽快定下来。

有一次因为结婚的事吵到分手，刚好赶上放假回家，她的家里人安排了相亲，相亲对象恰好是她的高中同学。这位高中同学在体制内工作，整体条件还可以，但她觉得两人相处"不来电"。

回去工作之后，男友求复合，说让她等一等，等自己创业有眉目了两个人就结婚。

她很想结婚，但夹在这两个男人中间非常犹豫，不知道该跟相亲对象培养感情，还是该跟男友复合。

人这一生要做的选择有很多，婚姻大事也是其中之一。你要结婚的对象，不仅是你的爱人，也将是你以后孩子的父亲/母亲，还将是与你共度一生的"战友"。选对了人，你会感受到幸福与甜蜜；选错了人，虽然可以离婚，但也浪费了彼此宝贵的时间成本、机会成本、心理成本。

如果你正在考虑结婚，却又有点害怕，不知道眼前人是否适合结婚，不妨从以下几点，重新观察一下自己的恋人。

看人际关系

一个人的人际关系，往往就是他心理状态的外显。

不少在亲密关系中遇到问题的人，追溯问题的来源可能要追溯到父母身上。因为在某种程度上，可以说父母是一个人建立婚姻、理解家庭概念的第一参照。所以，结婚前，你可以看看伴侣的父母是如何相处的。

除了父母之外，你还需要认识伴侣身边亲近的朋友。交朋友的方式，以及朋友的类型，某种程度上能体现一个人的价值观。所谓"物以类聚，人以群分"，是有一定道理的。乐于跟优秀者交朋友的人，可能更有上进心；乐于跟长辈交朋友的人，可能心智更成熟；朋友多的人，可能性格更开朗；能跟意见不同的人做朋友的人，可能心胸更宽广，有更高的包容度。

但是，熟人之间总有利益牵扯和人情束缚，一个人的真实本性，往往会在对陌生人的态度中展现出来。一个有稳定内核的人，很少会受到外界的影响，对陌生人和熟人都能友善且尊重。而缺乏安全感、以自我为中心的人，就容易在陌生的关系里忽略别人的感受，或冷漠，或怀疑，或敌对。

与陌生人打交道时，对弱势群体的态度更能体现一个人的人品。如果只是因为权势、地位高低就改变某个人待人接物的基本礼仪，那这个人可能缺乏对别人的同理心，也不太能尊重别人的劳动成果。我时常劝我的学员，谈恋爱的时候要看看伴侣对服务员的态度。一个在吃饭时对服务生呼来喝去、傲慢无礼的人，即便对你态度很好，也很可能是装的。等哪一天他觉得自己地位比你高了，你可能会遭到跟服务员一样的待遇。

如果你准备要孩子，那你可以观察伴侣对孩子的态度，跟小朋友相处考验的是一个人能否当父母的最基础的条件——耐心。如果伴侣跟小朋友相处常常显得不耐烦，那说明到目前为止，你还不适合和对方生孩子。

细节见人品，小事见人心。选择伴侣，不光要看对方是不是爱你，也要看对方怎么对别人。本质上，你也是伴侣人际关系的一环，对方怎么对别人，就有可能怎么对你。

如果一个人除了对伴侣的"小爱"，还有对别人的"大爱"，那他至少具备善良、同理心、共情能力，能提供更好的情绪价值，这些都是经营好一段婚姻的必备品质。

看过往情史

很多人在谈恋爱的时候，会把与前任相关的一切当成禁忌，伴侣一旦提起来，很可能就是"送命题"。我不赞成这种做法，首先，没几个人能忍住对伴侣过去的好奇心；其次，不说虽然杜绝了比较，但也堵死了一条了解伴侣对亲密关系认知的途径。

我的建议是，情史一定要聊，并且要在关键的地方聊透，只不过要挑合适的时机，也要知道重点聊什么。

合适的时机，一般是在与对方建立起足够的信任感之后。你们能平心静气地聊起过去，一方面证明自己已经走出了上一段恋情，另一方面也表达了对现任伴侣的信任。同时，承认过去的存在，也是对人生经历的尊重，不管曾经是好是坏，都是你活过的证明。

至于什么是重点，首先得明确目的，你们决定敞开来聊恋爱史，不是为了与伴侣的前任做比较，也不是为了日后翻旧账吵架，而是为了互相了解感情观。在此基础上，前任姓甚名谁、长相如何，都是次要的，重要的是谈过几段、持续了多久、分手的原因，以及伴侣对前任的态度和评价。

恋情次数，往往能反映一个人对感情的态度。持续时长，则多多少少能反映一个人解决问题的能力。与前任分手的原因，能看出一个人对恋爱的看法，以及什么是他/她想要的亲密关系。对前任的评价,则是那句"分手见人品",如果总是把问题推到前任身上,那说明这个人没什么担当,不能客观地反思自己身上的问题。

通过这几个问题,其实大概能推断出伴侣的感情成长史。聊的时候,你们可能会产生分歧和争吵,但这样的争吵不是无意义的,反而能增进彼此的了解。如果你们没吵架,那这次坦诚,很可能为你们的感情"添砖加瓦"。

看对工作和金钱的态度

在选择伴侣时,可以考察一下对方的职业,至少能从中看出伴侣的喜好和生存能力。

如果对方的工作既能满足自己的志向,又能获得可观的报酬,而且他/她还有非常清晰的职场规划,说明这个人思维清晰,判断能力强,那他/她在婚姻生活中遇到问题时,便不会手足无措。

如果对方经常换工作,始终搞不清楚自己想要的是什么,薪资也比较低,那他/她该做的人生功课可能还有很多,婚后也可能会因为事业摇摆影响到生活质量。

如果对方是一心想创业的人,就要考察他/她的能力是否撑得起自己的野心。我见过太多因为创业导致破产,最终婚姻破裂的人。跟这样的人在一起,你就得考虑自己是否有足够的承担风险的能力。

而在金钱方面,最重要的考察点有两个:一是伴侣是否会因为重小利而失大局，这类人往往在亲密关系里也很难让渡利益，很容易因为钱与人产生矛盾；二是你和对方的金钱观是否一致，有相似金钱观的人，过起日子来，很少会因为钱吵架。金钱观差异较大的伴侣，最好尝试在婚前进行磨合。

看人生目标

回到开头我所讲述的粉丝的经历，她有寻求安定的心理，这与男朋友创业的规划存在冲突。思考再三，她最终还是选择了分手，回老家发展。她清楚自己跟男朋友的人生目标并不一致，继续下去也没有必要，长痛不如短痛。

在恋爱期间，情侣之间应该经常聊聊各自对未来的规划，尤其是当生活或工作发生重大变化、调整了规划时，更要及时沟通。如果双方的规划都有对方，那就证明你们有进入婚姻、共同面对生活的决心。

但光有决心还不行，对婚姻的目标和愿景一致，才能真正走到一起。有些人把家庭稳定、婚姻幸福当作自己的人生终极目标，而有些人在婚姻之外还有专属于自己的人生目标，如果人生目标与婚姻维系存在冲突，即便在一起，婚姻也很难长久。

3. 谈谈分手这件事

在我收到的未婚女粉丝的私信中,"分手"是一个出现频率非常高的话题。其中有一部分人在考虑该不该分手,另一部分人正在经历失恋后的痛苦。在大家的描述中,我发现不少人在面对恋爱问题时,常常被细节带来的情绪波动困住,一会儿舍不得,一会儿又跟对方说狠话,摇摆不定,分分合合。

只要你进入一段恋情,就有可能面临分手的结局。那如何判断一段感情该不该继续呢?我的建议是可以用经济思维,把抽象的爱情变成可以量化的指标,进行简单的数学计算。

1.成本与收益

你在恋爱中的积极体验,可以视为你在恋爱这个项目中的收益,比如理解、尊重、被爱、经济支持、成长等。而消极体验,比如压力、争吵、金钱支出、情绪消耗等,可以视为恋爱成本。

根据对自己的重要程度,你可以给每种体验打个分(比如理解是5分,压力是3分),再累计起来,分别得到成本与收益的总分。这时候，该不该分手，就变成了一个简单的比较成本和收益的总分孰高孰低的问题。

当成本大于收益时，说明这段恋爱对你来说是种消耗，能持续多久，就看你还有多少感情可以挥霍；当收益大于成本时，说明这段恋爱带给你更多的是正能量，要分手还是继续，就看这种正能量的多少是否能满足你的需要。

2.供需平衡

每个人在恋爱中想得到的东西都不一样。当伴侣更需要安全感时，那你要提供的大概率是更多的时间陪伴、经济付出，甚至需要缩减自己的人际交往圈。如果你工作忙，又喜欢交朋友，那你是很难满足对方的需求的，而你还希望从对方那里获得理解。在这种情况下，双方的供需就存在很大冲突，非要让一方满意的话，另一方往往就得做出牺牲，而牺牲又可能带来负面情绪，从而影响关系。

有多个维度可以判断双方的供需是否失衡。比如牺牲的次数，如果你牺牲一次能换来对方的一次理解，供需虽然不完全互补，但至少实现了一种动态平衡。最怕的就是，有一方一直在索取，而另一方一直在牺牲，没有尽头。

3.评估分手成本

如果处理失恋对你来说是一件没那么难的事，那你很容易就能走出阴影。前面说的两个衡量指标，只要有一项不达标，你就很容易下定分手的决心。

但对有些人来说，分手意味着要打破当前拥有的充满确定性的生活，还要面对心理上的打击。这种心理上的打击很难在短时间内得到有效缓解，但该面对的总要面对，与其让自己陷在一段不断消耗自身能量的恋爱中，不如咬咬牙给自己一个痛快。

如何体面地分手

主动提出分手的人往往需要承担一定的愧疚感。有些人以为通过冷暴力逼对方分手就能抵消心理上的愧疚感，其实这么做只会让问题更复杂。

如果你真的下定决心分手，就应该好好和对方坐下来聊一聊，捋清楚分手的原因，最好一次性谈明白，避免让对方觉得这段感情还有挽回的余地。

如果你是被动分手的那个，你需要做的是尽快摆脱被抛弃带来的负面感受。你要明白，在成年人的世界里，失恋是很正常的事，没必要因为一次分手把自己搞得丧失自信心。体面地分手，千万不要死缠烂打。

分手虽然是一次危机，但它也是重新认识亲密关系、重建自我认知的契机。你应该接受现状，收拾心情，重新开始。

每一段恋情都是有意义的。分手不可怕，渡劫过后，便是新生。

4. 再婚人群的自我修养

作为情感咨询行业的从业者，我对再婚人群也有一定的关注。

按理说，经历过一次婚姻失败，再次走入婚姻的人，多少有些经验。其实不然，再婚和初婚一样，都是跟另一个人结合在一起，共同面对生活，该有的磨合一点也不会少。与此同时，再婚还比初婚多了些新问题需要解决，比如跟前任的关系、跟孩子的关系、可能遗留的经济问题等。

第二次婚姻，就像第二次创业，是一件机遇与挑战并存的事。半路夫妻要接受的考验，是重振旗鼓，再"战"人生，也许少了些初生牛犊的勇气，但半生阅历带来的积淀，会让他们更耳清目明。

再婚前，要了解这些问题

如果你经历过一次失败的创业，一定会反思原因，寻找新目标，心里有一定把握之后，才重新开始。再婚也是一样，如果只是因为害怕孤独仓促再婚，那无异于重走老路，很容易掉进同一个困境中。

再婚前，以下两个问题需要问问对方，也问问自己。

首先是有没有搞清楚上一段婚姻失败的原因。分析上一段感情结束的原因时，你是在责怪对方，还是在埋怨自己？带着情绪的总结，大多都是偏颇的。看过去的经历，需要一点过来人的心态，当你能站在更客观的角度去看过去的婚姻时，就能看出问题到底出在哪里。

其次是想要再婚的原因。到底是迫于生活中的压力，还是真的想步入婚姻？有些人是希望给孩子一个完整的家庭，那他/她的关注点可能会放在对方对待孩子的态度上；有些人想找知心伴侣，那就意味着这个人对情绪价值的需求可能比较高。每种需求背后都有一个深层理由，找到它，你才能找到合适的人。

同时，对比上一段婚姻结束的原因和第二段婚姻开始的原因，能看出一个人在认知上的长进。人想要往前走，就要学会好好告别。告别前任的同时，也得告别一部分的自己——受伤的那个自己。

离婚对人产生的心理伤害很大，身处其中的人往往要经历五个阶段：拒绝承认现实、愤怒、讨价还价、沮丧、接纳现实。经历完这五个阶段，一个人才算是做好了心理准备，能够迈向新旅程，开始新的恋情。

再婚夫妻，也一样可以很幸福

阻碍人们再婚的，还有一些偏见。比如"离婚的人都是二手货"，这种言论让不少人产生不配感，不断降低自己的择偶标准，最终将就着再婚，将就着过完并不幸福的下半生。

所有坚信再婚不会幸福的人，都陷入了一种惯性思维，即认为人是不会成长的。其实婚姻失败并不代表人不行，经历过一次失败婚姻的人，也积攒了更多的人生阅历，很可能在经营婚姻上更成熟。

要我说，离过婚的人，想要再进入一段婚姻，该做的第一件事，就是把所有与"再婚"有关的标签都撕掉。你跟前任是第一次结婚，跟现任也是第一次结婚，想要幸福，就要把心态摆正，牢记"合作共赢"的初衷，如此携手到老才不会是梦。

第六章 知实践

——塑造"顶配"婚姻,让你爱的人更爱你

第六章 知实践——塑造"顶配"婚姻，让你爱的人更爱你

1."丧偶式育儿"的痛

"丧偶式育儿"的说法近两年在网络上很火，它反映了当下育儿的某种困境。德国心理治疗师伯特·海灵格曾经提出过一个理念：在一个家庭里，排在首位的应该是夫妻关系，其次才是亲子关系。

丧偶式育儿看似是教育问题，实际上是亲密关系问题。企图绕过夫妻关系，只关注育儿问题，等于本末倒置。

你们是父母，更是伴侣

很多人以为，在"丧偶式育儿"模式里，孩子面临的只是因父母一方缺失而带来的心理影响，但其实，在"共同育儿"模式里，夫妻作为伴侣角色对孩子的影响，要大过于作为父母角色对孩子的影响。

孩子在成长过程中，对亲密关系的认知往往来自父母。父母的相处模式，会极大地影响孩子成年后面对另一半的态度。这一点，我在自己的婚姻里深有体会。

我和老公虽然事业都比较繁忙，但我们的感情一向很

好，既是生活中的战友，也是灵魂上的伴侣。在育儿方面，我们也从不怠慢，尽可能拿出时间去陪伴女儿。

当父母作为一对幸福的伴侣陪伴孩子长大时，孩子大概率会形成安全型依恋人格，内在的安全感会让孩子在面对未知和变化时更加从容。

有一次我们约好了一起看电影，我却临时接到一份工作安排，还跟合作方产生了一些争执。当我因为工作不顺沮丧，因为未能守约觉得愧疚难过时，女儿不仅没责怪我，还让她爸爸来安慰我，帮我一起解决问题。

在我女儿眼里，爱就是永远有人在背后支持你，出了事大家一起扛。这不就是幸福婚姻的意义吗？虽然我从没刻意教过她，但她已经在耳濡目染中学会了。

此外，心理学研究表明，父母还是孩子成长过程中的性别典范。也就是说，孩子在成长的过程中，会通过对父母的观察来确认性别模型，知道男人是什么样子，女人是什么样子。如果父母某一方缺席孩子的成长，孩子就少了一个非常重要的观察对象，可能会出现一定的性别认知混乱。

而且，父母共同参与育儿过程，也是一个互相表达需求的过程。育儿是夫妻间的共同话题，是共同责任，也是夫妻沟通的润滑剂。

在育儿过程中，积极沟通是夫妻建立信任、默契，增加亲密度的好时机，这对两人的关系是一种正向反馈。

如何实现真正的共同育儿？

实现共同育儿的前提，是要对它有全面认知。养孩子的事情很多，从怀孕产检，到孩子出生后的喂奶、换尿布、洗澡等，夫妻双方都要参与。育儿不只是妻子的事，也是丈夫的事，丈夫不能把这些事全都丢给妻子。

真正的共同育儿，我认为父母双方都要参与，不仅要给孩子提供物质条件，还要给孩子提供精神上的引导和鼓励。

有些父亲平时工作比较忙，陪伴孩子的时间很少。想要不缺席孩子的成长，就得给父亲留出一个位置。比如，可以在孩子能看见的地方，摆放爸爸常用的东西或照片，在物理空间上提醒孩子爸爸的存在。妈妈也要经常在孩子面前提起爸爸，并通过打电话、视频等方式，给孩子和父亲创造沟通条件。这样做的意义不仅在于让孩子多接触父亲，也是在提醒父亲不要忘记自己的责任，方便父亲随时加入育儿过程。

此外，共同育儿重在统一观念，而不是统一行为。相对而言，妻子往往对孩子生活上的各种细节感知更敏锐，用妻子的育儿标准去要求丈夫，两个人很可能发生争吵。其实，夫妻对孩子的影响体现在不同的方面，有的影响性格，有的影响生活习惯。

当"丧偶式育儿"的模式已经形成时,夫妻双方都需要改变,缺席的一方要学会主动加入育儿过程,另一方也要多鼓励、少指责。

2. 相爱容易，相守很难？

《再见爱人》是近几年很火的一档婚姻纪实观察真人秀节目，已经播了三季，每一季都会请三对婚姻出现危机的夫妻一起旅行18天。我一直在关注这档真人秀节目，它不同于情感调解类节目，由专家协助当事人解决问题，而是给几对夫妻一段纯粹的相处时间，让双方重新审视两人的关系，同时，也把相处的细节展现给大众。

上节目的每一对夫妻，基本都是以爱情为基础进入婚姻的，甚至有些人的相遇十分浪漫。而且他们基本都从事演艺行业，生活条件较好，但即便如此，他们还是遭遇了不同程度的婚姻危机。

很高兴有这样的观察类节目，将婚姻中可能难以启齿却非常真实的困境放在镜头下，用非常微妙的日常相处细节，让观众在产生情感共鸣的同时，也开始思考一个问题：为什么明明相爱，却很难相守？

当理想的爱碰上现实生活

相爱这件事，往简单里说，是一种感觉，往深处看，却有很多难以绕开的陷阱。因为爱太感性，所以人很容易在爱的蒙蔽下，产生非理性的认知。衡量爱与不爱的标准，也常常走向绝对化，比如：

"你连我们的结婚纪念日都忘记了，你肯定不爱我了。"

"如果你爱我，不用我说你也会懂我。"

"必须把其他异性的联系方式删了，否则就分手。"

这些想法其实并不现实，生活中也没有那么多绝对的事情，但如果这些绝对化的非理性要求没有得到满足，人可能就会感到痛苦和挫败，进而在负面情绪的驱使下做出伤害两人感情的行为。

此外，处在热恋期的人，看对方时往往都戴着滤镜，对方怎么看怎么好，觉得自己仿佛找到了一个完美爱人。等荷尔蒙不再激烈迸发，突然看到了更真实的对方，滤镜破碎之后的落差感，又让很多人从只能看见优点的极端，走向只能看见缺点的极端。

于是，指责开始了，想要改造对方的意愿也压不住了，争吵随之而来。

但也不能说这两个人就不相爱了，因为相爱本身就不止一种形态。从恋爱到结婚，人要经历角色转换，亲密关系也要经历多个阶段的变化，每个阶段都有不同的挑战。

上面两种绝对化、极端化的非理性信念，正是出现在亲密关系的前两个阶段：激情浪漫的蜜月期、理想幻灭的改造期。蜜月期的考验是双方如何尽量保持理智，改造期要面对的则是两人之间的情感博弈。如果能顺利度过这两个阶段，爱情就能持续下去，进入第三阶段——放下期待、重新认识自己的内省期。

这个阶段，往往也对应婚姻的瓶颈期，因为认识自己并不是一件容易的事。这是一个充满怀疑、自责的时期，而且其间难免会忽略另一半的感受，使关系陷入停滞或僵持中。

只有调整期待，更深刻地了解自己和对方的时候，婚姻才能进入顿悟真爱的启示期。这个时期比热恋还美妙，因为你明白了亲密关系的真谛，在与伴侣成为命运共同体的同时，也有了更自由的自我。你不会再对伴侣有更多要求，知道有些需求是需要自我满足的，同时，你也不会再包揽对方的需求，因为那是需要对方自己满足的。

用感性相爱，用理性相守

在婚姻中，拥有爱的能力非常重要。

爱的能力包括爱和被爱的能力。会爱的人，能够更好地表达爱；拥有被爱能力的人，能够更好地感受到对方的爱。如果拆分得更细致一点，爱的能力可以分为以下几种：情绪管理能力、沟通理解能力、共情能力、包容能力、影响能力。这些能力其实不仅仅局限于亲密关系，也能拓展到其他人际关系中，它是一项跟人相处的通用能力。

如果说婚姻是一辆行驶的汽车，那爱就是汽油，爱的能力就是发动机，想要走得远，二者缺一不可。

既然爱的能力如此重要，那我们应该如何掌握爱的能力呢？

在情绪管理方面，美国临床心理学家阿尔伯特·艾利斯曾提出过一个情绪ABC理论。A代表诱发事件，B代表个体对这一事件的信念、解释和评价，C代表个体产生的情绪和行为结果。他认为，人的情绪和行为并不是直接由诱发事件引起的，而是由人对这个事件的认知、评价和信念决定的。

第六章 知实践——塑造"顶配"婚姻，让你爱的人更爱你

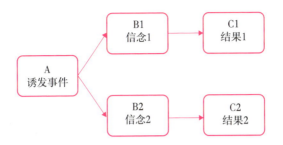

举个非常简单的例子，给伴侣发消息，但对方没有及时回复。这是一个诱发事件，但不同的人反应可能完全不一样。比如小李认为对方故意不回，可能是对方正在与别的异性聊天，于是打电话、发消息，质问对方为什么不回复；而小王觉得对方没回复消息应该是在忙，所以没有在意，放下手机做自己的事去了。

小李和小王对伴侣没有回复消息的猜测，就是他们各自的信念。这个信念是否理性、合理，还要看具体情况。如果伴侣从来没有与别的异性聊天的类似行为，那小李的猜测，可能是安全感缺失引发的负面幻想，原因不在对方，而在自己。

我们在产生负面情绪的时候，不妨绕过那件事，思考一下自己的信念，一旦你发现这个信念并不合理，那负面情绪也就会自然而然消失，从而避免了与伴侣的一次争吵。

此外，相爱并不意味着一定能相知。心理学中有一个叫冰山原则的理论，是说人的内在其实像一座漂浮在水面上的冰山，能被看到的只是冰山一角，水面下还有更多的秘密。

一个人的行为背后，有肉眼无法看见的心理动因，外露的情绪背后，也存在很多需要探索的动机。

如果我们想要跟对方相守，一定要在相知这个环节多下功夫。

在跟伴侣相处的过程中，你需要学会透过表面，去发现对方内心真实的想法，互相坦诚沟通，增进彼此的了解。能在相爱中开始是一种幸运，要在相爱中相守，则需要我们在看清爱与生活的本质的同时，有一颗终身学习的赤子之心。

3. 如何让性变得更有爱？

在一段稳定健康的亲密关系里，性往往伴随着爱产生。但回到关系的初期，爱与性却有各自的节奏。

从生理角度来讲，爱产生之前，性吸引力就开始产生作用。你以为是对方的外貌吸引你，其实很可能是信息素在传递信号，让你不由自主地产生爱的感觉。当我们因为爱进入亲密关系后，就自然而然产生了性行为。在关系存续期间，灵肉结合，爱与性相辅相成，"爱因为性而更美好，性因爱而变得神圣"。

也有些关系，并不是慢慢来的，而是从一次激情四射的性关系开始的。比如，有的人会爱上"一夜情"的对象，最终结婚。但由性开始的关系，如果不注重感情的培养，新鲜感往往会很快消失，两个人的关系也大概率会走向结束。

社会学家通过观察也发现，因爱而性的关系会更稳定长久。因为在爱的基础上的性，能增进信任感和亲密感。而由性开始的关系，性的原因更集中在肉体的满足上，人们会把身体的满意度误认为情感的满意度，在后续的交往中，往往会忽视情感建设。

在有爱的关系里,性不只是肉体满足

在谈及性生活时,有些已婚女性往往会陷入"献身误区"。

比如,一些妻子可能会觉得,自己已经履行了"为爱献身"的义务,那丈夫就应该担负起促进性和谐的责任。如果夫妻生活不和谐,她们会责怪丈夫,导致矛盾加剧。

这个误区是把性单纯当作了肉体满足的途径,其实,性在亲密关系里的最大功能是交流,它事关信任感、亲密感、安全感。在肢体的接触中,双方能够感受到另一半对自己的渴望和爱意,其中蕴含着用语言无法表达出来的信息量。

同时,性也是生命力的体现。从性生活的表现,能看出一个人的心理状态。兴致低落并不代表一个人对伴侣丧失兴趣,很可能是因为他的压力比较大。饭桌上他可能还一脸没事的样子,但躺在床上,你可以通过性判断出他真实的内心状态,然后顺理成章地和他沟通。

正是因为性的沟通属性,在某种程度上,它也成了夫妻关系的晴雨表。很多人会误以为性的不和谐是婚姻中很大的危机,恰恰相反,有可能是其他危机反映在了性生活中。因此,当你顺着性给出的信号去反思生活中的其他方面,更容易接近危机的真相。

在一段好的关系里，性绝不仅限于肉体，性的背后，有更多等待挖掘的能量。

如何让性变得更有爱

结婚多年的女性在性生活出现危机的时候，总是下意识地从外表找原因，认为是自己的身材不如结婚时好，老公才丧失兴趣的。其实，在夫妻生活中，身材的重要性，远远没有我们想象中那么高，反而是对自己身材的过分关注会影响性体验。

美国一项性心理学的研究发现，在性爱中关注自己身材的女性，在性爱中经历高潮的比例只有42%，没有受到身材问题干扰的女性，则有73%是享受性爱的。

性爱从来不是性器官的单纯接触。在性激素的作用下，生理器官的感受除去视觉以外，还包括听觉、嗅觉、触觉、味觉，五感中的每一个都很重要。

因此，让我们打开自己，把性生活拓宽至五感的交流。亲吻、爱抚、拥抱都可以成为性体验中的一环，能在这些细节中关注彼此、互相表达爱意的夫妻，不需要多强的性能力，就能获得充满爱的性。

另一个影响性满足的因素是沟通。如果我们从来不跟伴侣坦率地交流性生活中的好恶，那就很难获得好的体验。男女生理和心理上的差异，决定了他们在性生活中的投入和享受点都不一样。

至少有一半的男人误解过女人的性意图，某些男人容易把女人的沉默或拒绝当成欲拒还迎。而有些女人出于维护关系、尽义务、给面子的想法，也很难对伴侣的性需求表示明确拒绝。

在性这件事上，我建议夫妻双方真诚大胆地把自己的感受说出来，只有找到两个人都享受的方式，性生活才能实现真正的和谐。

4. 请学会"打直球"

谈恋爱的时候,很多情侣恨不得天天腻在一起,仿佛有说不完的话。结婚之后,不少夫妻却渐渐陷入了无话可说的境地,甚至没说几句就开始吵起来。

不少人把原因归结于爱的消失,或者把问题的症结锁定在伴侣身上。我认为,这很可能是沟通障碍长期累积导致的隔阂。

沟通这件事,看似简单,其中却有太多的干扰因素,因此会让说出来的话词不达意。说话之前,你的想法只有你自己知道,你必须把你的想法"编码"成对方能听懂的信息,才能转达给对方。"编码"的过程本身就存在误差,"解码"的过程也存在误差,误差太大,就可能导致"鸡同鸭讲"。

误差无法避免,这是所有沟通中都存在的人际隔阂。对朝夕相处的夫妻来说,想要到老了还能说说知心话,就必须学会减少沟通误差。

你会和伴侣好好沟通吗

婚姻中的男女，总有一种想当然的感觉，认为相爱的两个人应该更能好好沟通。其实，亲密关系比其他人际关系更容易出现沟通偏差，因为我们的头脑里假设的是伴侣能理解自己，所以不会反复去确认彼此是否达成共识，最终高估了沟通效果。

我的学员安安曾一度认为老公不爱自己了，以前老公总能知道自己在想什么，现在却像在装糊涂，很少能听懂自己的暗示，除非自己把话说得非常明白，但也是说一句动一下，没有以前积极了。

热恋时的积极和体贴，往往建立在全身心关注对方的基础上。婚后，有很多新的事物加入两个人的生活中，两个人的精力自然而然地分散到家事、工作、孩子等身上，不可能时时注意到伴侣。猜测是很费力的，暗示和委婉在恋爱中是某种情趣，可在琐碎的生活面前，这些就有可能导致沟通不畅。所以，在婚姻里，有话直说才是效率最高的沟通方式。

此外，很多人在沟通时，很容易偏离主题。我的一位朋友就曾给我讲过她跟老公的一次争吵。

某次周末加班，她很晚才回家，发现自己出门前嘱咐老公要晾的衣服还堆在衣篓里，不禁怒从中来："我都累了一天了，回来还得晾衣服吗？"

老公回答："我忘了。"

她又说："我说过的话你总是当耳旁风，家里的事你从来不关心，我看你明天没衣服穿怎么办！"

老公也生气了："不就是忘了晾衣服吗？你至于说这么难听的话吗？我怎么就不关心家里了？"

……

一筐衣服引发的争吵，让两个人冷战了一晚上。朋友事后回想，她只是想让老公晾一下衣服，也不知道当时怎么说着说着就吵起来了。很简单的一件事，两个人却吵了半天，但是谁也没有直接去晾衣服。

他们这一段对话非常典型，朋友的表达踩中了好几处沟通雷区。

开局就是不友好的诘问，疲惫加上愤怒，让她的话充满消极情绪。消极情绪很容易让对方感受到敌意，启动心理防御，内心想着如何反驳，而不是好好地倾听。

紧接着扩大范围，偏离重点。明明只是想让对方晾衣服，她却把一件小事上升到人格上的指责，而且指责很明显是不客观的，"从来""总是"这样的表达非常绝对化，让对方觉得自己的付出都没被看到，话题自然指向从前，忽视了当下该解决的问题，沟通的目的完全没有达到。

不直接，不精准，不带目的、只带情绪的表达，让沟通效果归零，让危机加剧。

积极表达与积极倾听

沟通不是单方面的事，表达与倾听互相影响，共同决定沟通效果。不良的表达会激发不良的倾听，不良的倾听又会让你说出更难听的话，让说话的人气不打一处来。

要实现精准表达，表达者必须清楚自己表达的目的，并直接表述。这要求你梳理清楚自己的需求：你是想让对方明白你的情绪，还是完成一项事务性指令？

这里有一个表达方法可以借用：事件+情绪+建议。

以朋友的那次争吵为例，她的目的其实可以拆解成两个：一是晾衣服，二是希望类似事情今后不要再发生。那她的表述就可以换成下面这两句话，先说第一句：

"老公，我看衣篓里的衣服还没晾，我加了一天班有点累，你可以晾一下吗？"

等她老公把衣服晾完了，就可以说第二句：

"我知道你不是故意忘记晾衣服，但我还是有点失落，因为感觉自己说的话没被在意。如果你实在记不住，可以定个闹钟提醒自己。"

相信大部分人听到这样的话都不会生气，因为目的明确，指令清晰，且不带指责。

而说到倾听，我们在伴侣说完话之后，往往有三种反应：简单确认；给出建议；再次复盘对话，确认对方真正想表达的意思。

前两种反应都属于回应式倾听，是把自己当作被动的信息接受者，已经在心里预判了对方会怎么说，或者只从对方的话里提取自己关注的信息，并思考怎么回应。

朋友的老公，就是只回应了没晾衣服的原因，并没有关注到妻子"已经累了"的心理状态和正在生气的情绪状态。

大脑结构和思维方式决定了不少男性往往会采取回应式倾听反应，因为他们更看重工具性的沟通技巧，不是很擅长共情。

第三种反应是理解式倾听，倾听者会充分理解对方话语背后的含义。"你多做点家务"背后的含义可能是"我最近很累"，"我不想出门"背后的含义可能是"我需要休息"。

这样的倾听关注到了对方的内心感受，能为沟通营造良好的氛围，聊天深度和质量也会跟着提升。

所以，在学习表达的时候，我们也要学习倾听。只有这两者都做到，沟通才顺畅，感情才能更亲密。

不管是表达还是倾听，我们的目的都是为了增进理解。

所以，要降低理解的成本，我们就要学会言简意赅，直接说出自己的想法，别让伴侣猜。

同时，我们也要学会倾听。如果你觉得自己共情能力不够，那就多提问。比如："你想表达的是这个意思吗？""你是这样想的吗？"只有搞清楚对方想表达的意思，你才能感知到对方想表达的情绪，从而减少误解。

最后，送给大家一个沟通小技巧：多用开放式提问。

很多夫妻相处时间太久，彼此之间能聊的话题好像都聊得差不多了，这时候，就需要重新调动起自己的好奇心。当对方说自己今天吃了一道好吃的菜时，你可以问问他/她：是什么味道？为什么觉得好吃？在哪里吃的？下次要不要一起去吃？

开放式提问能把话题展开，不仅为平淡的生活增加了新的"调味剂"，也给伴侣提供了更高的情绪价值，从而让彼此之间产生更多的心理链接。

只有把好好沟通的原则贯彻到底，才有机会做心有灵犀一点通的夫妻。

5. 撒娇女人真好命？

"撒娇女人最好命"这句话，很多女人都听过，但大家的态度却各不相同。

一部分人不愿意撒娇，觉得撒娇是小女生的幼稚行为；一部分人尝试过撒娇，收效甚微，还被说成是"作"，索性再也不尝试了；还有一部分人，压根张不开嘴撒娇。

其实，撒娇女人未必就好命，因为广义的撒娇，跟真正能增加亲密度的有效撒娇并不一样。举两个简单的例子就能看出其中的差别。

> 小李的男友工作很忙，但她想让男友陪她吃饭，就跟男友撒娇："你最近都没陪人家，我不管，今天你就是要陪人家吃饭，工作哪有我重要！"
>
> 小王约好了跟男友看电影，男友临时加班，小王跟男友撒娇："那好吧，虽然我很想让你陪我，但这次就先放过你，罚你下次陪我看两场电影，还得赔我一个'亲亲'！"

小李和小王都在撒娇，谁的撒娇更"高级"，一目了然。

撒娇不是言辞、语气上的嗲，而是一种圆融温和的沟通技巧，需要审时度势，需要一些情商。如果你还没尝到撒娇的甜头，不妨重新认识一下撒娇。

不愿意撒娇的人，可能是误解了撒娇

在大部分人眼里，撒娇是弱者行为，是压低姿态去讨好别人。其实，撒娇只是"示弱"，内核是强者思维。

能坦然撒娇，说明一个人的自信心很足，不会觉得求人帮忙是低人一等。她们会通过撒娇达到自己的目的，自尊心完全不会受到影响。

反之，一直表现得很"刚"的女人，不管面对什么事情，都下意识地选择自己扛，这可能是缺乏自信的表现。

其实，很多人从小就会撒娇。比如小时候央求爸爸妈妈要好吃的、好玩的、求"抱抱"。当需求被满足的时候，撒娇就有了正反馈，如果需求持续得不到满足，那等于在一个人的潜意识里种下了一颗"不被允许"的种子，哪怕长大了进入亲密关系，也很难撒娇。

所以，不会撒娇的人，很可能是缺爱。

还有一种误解，是把撒娇等同于"作"。回到开头的两个例子，大部分人都会觉得小李很"作"，而小王既宽容又可爱。其实，撒娇和"作"很好分辨，因为它们的出发点和表达方式都不一样。

撒娇的出发点是在表达亲密的同时表达需求，"作"的背后，其实是不安全感在作祟。撒娇的表达方式是在提供情绪价值，而"作"是在索取情绪价值。

小李需要男友陪伴，但一句"工作哪有我重要"就暴露出她缺乏安全感。她企图用撒娇索取陪伴或安慰，说出来却变成了指责，哪怕语气再可爱，都显得无理取闹。

而小王的撒娇，就显得情商非常高。她没有强求对方，而是通过遗憾的语气和"小惩罚"来表达自己喜欢陪伴的需求，同时，又让男友感受到自己在她心里的重要性。最后一点小调皮，还给对话增添了情趣，可谓是"满分级"的撒娇。

所以，撒娇和"作"可不是一回事，它们有本质的区别。

撒娇的作用

在生活中，我们撒娇的对象，一般是跟自己有亲密关系的人。

对男人撒娇，往往能激发他的保护欲。因为撒娇是一种暂时的"心理退行"，会让被撒娇的人产生怜爱感。在婚姻关系中，在小事上撒个娇，很容易就能达到目的。

此外，撒娇也是增加伴侣亲密度与好感的办法。心理学中有一个富兰克林效应，指相比那些被你帮助过的人，那些曾经帮助过你的人会更愿意再帮你一次。就像富兰克林本人所说："如果你想让一个人爱上你，不要做他的恩人，而要让他做你的恩人。"

从这个角度来分析，你对伴侣撒娇，他越是满足你，在你身上投入的成本越高，那在他的潜意识里，对你的好感也就越多。所以，主动撒娇，确实会让你们的关系越来越亲密。

而且，撒娇是沟通中的软化剂。一个女人能对一个男人撒娇，代表她信任这个男人，这会让男人感觉到自己是被需要的。亲密关系中遇到矛盾，吵起来的时候，适时撒娇会让剑拔弩张的氛围缓和下来。

我听过一个特别妙的撒娇的例子。

> 妻子跟自己的老公吵架，越吵越凶，老公说："为什么每次都要我先让步？"
>
> 妻子说："因为我有你没有的东西。"
>
> 老公问："你有什么啊？"
>
> 妻子说："我有一个高大帅气、温柔体贴、包容我的老公。"
>
> 老公气着气着就忍不住笑了，一副"败给你了"的表情，暂停吵架，矛盾化解。

总结下来，撒娇其实是与人建立联结的能力，一种相信爱、也相信自己值得被爱的能力。

撒娇的正确打开方式

不是所有事情都能靠撒娇解决，撒娇需要技巧，也需要掌握分寸。

作为一种沟通方法，撒娇有一个很好用的表达方式，用第一人称，表达需求+表达情感+真诚赞美。

"帮我剥个橘子"用撒娇的语气说，可以是：

> "老公，我想吃橘子，但是太累了不想起来去拿，你能帮我剥一个吗？因为我觉得你的手特别灵巧，剥的橘子特别干净，吃起来很甜。"

"我生气了都不知道哄我"用撒娇的语气说，可以是：

> "我现在有点委屈，想让你哄一哄我，因为你哄人很幽默，除了你，谁哄我我都笑不出来。"

当然，每个人都有自己习惯的表达方式，有时候不一定需要语言，眼神、动作也一样有效果，因为撒娇本质上是提要求，只要能传达到位，语言或肢体动作都可以。

撒娇需要注意两点：一是最好在只有你们两个人的时候撒娇；二是把握好尺度，不要伤伴侣的自尊，更不能践踏伴侣的底线。践踏伴侣底线的撒娇不叫撒娇，而是蹬鼻子上脸的一种控制、掠夺，这是谁都不愿意忍受的事。

所以，撒娇最好用在一些平常的小事上。如果是一件大事，对方帮你完成了，可能会产生"付出感"，不利于关系平衡。

自己能干的事，撒个小娇请对方帮忙，让他在完成的过程中不产生"付出感"，而是产生成就感与存在感，增进爱意。

总之，没必要抗拒撒娇，撒娇不是不疼装疼的虚伪，而是一种表达自我的方式，需要两人有心照不宣的默契，也需要把握好尺度。学会撒娇，你的婚姻就多了两个调味剂，一个叫"情感升温剂"，另一个叫"气氛调节剂"，何乐而不为呢？

第七章 CHAPTER 7

知挑战

——走出亲密困境，
你的婚姻没有那么脆弱

1. 如何应对伴侣出轨？

谈起出轨，人们自然会联想到相看两厌、貌合神离的夫妻，鸡飞狗跳、压抑的家庭氛围。当一个婚姻很幸福的人也出轨时，围观者的第一反应就是，出轨者贪心不足，想要的太多，不懂得珍惜幸福。

从本质上讲，出轨这件事，与是否幸福并没有绝对的关系。想要把出轨这件事搞明白，我们不能单看夫妻关系，还要看出轨者的心理状态。

出轨的心理动机

如果你问一个人出轨的原因，答案可能五花八门：因为情欲；因为爱；或者是单纯的喜新厌旧，寻找刺激。

但不管对方嘴上怎么说，一个人出轨的心理动机很有可能跟婚姻的幸福度没关系，而是为了满足自己当下的核心需求。

《创伤遗传》一书中有这样一个真实的婚外恋案例。

> 伊芙是一个看起来很安静的女人,她很爱她的丈夫,丈夫也爱她,他们共同养育了两个孩子,女儿十二岁,儿子九岁。看起来一切幸福,伊芙拥有了她想要的全部,但她却出轨了。她认为是自己太贪心,但咨询过程中却发现,真相并非如此。
>
> 伊芙说起了她的母亲。她的外祖母是在母亲十二岁时去世的,至亲的离开对母亲造成的创伤,让她变得抑郁、情感死寂,以至于对伊芙也非常疏离、淡漠,没办法给伊芙温暖的关爱。虽然伊芙一直在努力克服被忽视带来的伤害,结婚成家,养育子女,但内心始终有一块空缺。
>
> 跟乔西发生关系的时候,她觉得自己完全失去控制,但她也说:"他把我带回了生活。"

伊芙的出轨动机,跟丈夫没关系,甚至跟情人也没关系,而是自己想要填补缺失的母爱,她之所以迷恋乔西,是因为跟乔西在一起,她觉得自己重新焕发了活力。

此外,幸福的夫妻亲密度虽然高,但也可能导致过度融合。过于亲密,久而久之可能会出现两种行为。

一是过度控制,对方没回信息,自己就开始胡思乱想,会忍不住看伴侣的手机,觉得"如果你爱我,那就应该事事听我的"。

二是过度付出,对伴侣好到失去自己,一味迁就对方,以至于让对方喘不过气，觉得既愧疚又有压力，忍不住想要远离你。

过度控制或者过度付出都可能给伴侣造成压力，让其产生出轨的想法，因为这是逃脱束缚、重建自己内心边界的一种手段。

还有一些出轨原因，是源于自我探索的渴望。心理学家杰克·莫林曾提出一个性爱方程式：吸引力+障碍=兴奋。

婚姻幸福，有时候意味着平淡、安稳，而人内心有时候也会对动荡、刺激有一定需求。当觉得生活过于安稳，而恰好身边出现了有吸引力的人时，出轨顺其自然地满足了人对兴奋的渴望。

总而言之，当一个人的内心需求无法被满足的时候，婚姻外的一切人，都可能成为"第三者"。

但是，满足需求不止一种方法，出轨背叛的不只是伴侣，还有对自己的承诺。

如何应对出轨

对于出轨这件事，最好的办法是防患于未然。

结婚前期，双方可以好好聊聊自己对出轨的认定标准，看看哪一项是你们不可突破的底线。就像谈合同细节一样，有了规定之后，不仅灰色地带变窄，也更容易守住边界。

其次，最好在亲密关系里留一些空间，适当的距离可以制造神秘感，让对方对你保持好奇心，这样对方出轨的几率就会小很多。

如果一方已经出轨，无论选择分开还是原谅，都应该尊重自己的内心，与此同时，你也得做好心理准备，因为出轨对人感情的伤害是长期的。也许由于各种外部原因，你不得已选择了原谅，但信任重建很难，怨恨也会反反复复。

有人说，出轨只有零次和无数次，其实也没有那么绝对。如果能把出轨背后的心理需求挖掘出来，找到其他可替代的方法满足，那么出轨可能就不会再发生。

在出轨方认错态度良好的前提下，一次出轨也并非不可原谅。但原谅之后，你们还需要做一些事情来修复关系。首先，是给出轨方一些必要的惩罚。这样，一方面能平复你心里的不甘，另一方面，也能让出轨方知道做错事要付出代价。

但是要注意，惩罚也要有尺度。很多人原谅伴侣出轨后，会对伴侣进行更为严苛的束缚，要求伴侣的一切行踪都要公开透明，这并不利于关系重建。也许对方一开始出于愧疚心理选择接受，但长久下去，还是会因为束缚感而想要逃离。

信任不是一下子就能建立起来的，它必须建立在大量诚实可靠的言行的基础上。因此，在修复关系的时候，得增加正面信任事件，减少负面信任事件。重要的不是如何说，而是如何做。

2. 婆媳关系大有学问

在我做过的粉丝咨询里，有不少女性都提到自己跟婆婆很难相处。

对有些婆婆来说，儿子娶妻，只不过是家庭中加入了新成员，自己在家庭中的地位并没有变，因此很难从心里认可新婚夫妻小家庭的存在。但在儿媳妇的眼里，自己的新家就应该自己做主。在这种想法的支撑下，家庭的角色错位就开始了。

有些婆婆还会把大部分的情感需求放在儿子身上，当儿媳妇分走儿子的情感和注意力后，婆婆内心的危机感就会随之而来。

大部分的婆媳矛盾都是因为婆婆没能适当退出儿子儿媳的生活。那么，应该如何化解婆媳矛盾呢？

接受婆媳关系的存在

化解矛盾的第一步，是从思想上接受婆媳关系的存在。有些人不愿意把婆媳关系当成婚姻的一部分来处理，也从心理上排斥婆婆这个人，总觉得保持距离就能避免矛盾。其实不然。躲避往往会火上浇油，会让婆婆觉得自己没被接受，她就可能会通过各种方式来刷存在感，比如责备你某些地方做得不好。儿媳的排斥会加重婆婆对小家庭的干涉。

当然，接受婆媳关系的存在并不是无条件忍让，忍让只能一步步拉低自己的底线，模糊婆媳之间的边界感。我们在接受婆婆的同时，要树立好规则。矛盾发生的时候，就是树立规则的好时机。

处理婆媳关系的关键就是沟通，有话明说，不把怨气憋在心里。面对婆婆的道理，要学会以退为进，化被动为主动，先认可她好的出发点，再表达自己的意见。请记住，想说服对方，让对方信任你，就要用对方的语言说话。

在这个方面，我听过一个非常好的案例。有一位婆婆认为"寒从脚生"，在夏天也总给孩子穿厚袜子，机智的儿媳妇便跟婆婆说："网上有一位老中医说了，宝宝天生阳气旺盛，阴气不足，想要夏天不生病，就需要祛热，脱袜子就是让阴阳调和。"婆婆觉得很有道理，不再执着，问题因此轻松解决。

婆婆和媳妇作为两个不同时代的人，接受不同的思想教育，信奉的思想观念不一样很正常。如果非拿现代医学的角度去跟这位婆婆较真，很容易陷入"鸡同鸭讲"的境地，说不明白就会吵起来。

此外，意见最好当面沟通，别让老公在中间当传话筒。

面对面交谈是最能把需求说清楚的,传话容易导致误会。情商高的老公传话化解矛盾,情商低的老公则可能会放大矛盾。

在一次次的沟通中,媳妇跟婆婆之间的边界会越来越清晰,以后类似的事情发生,就能有效避免冲突。

老公在婆媳关系中的作用

婆媳关系不和,不仅仅是婆婆和媳妇两个人的问题,和老公也有关系。

老公夹在老婆和老妈之间,确实不好做,但既然结了婚,就不能把自己的责任甩到老妈和老婆头上。一个男人,如果觉得自己夹在老婆和老妈中间喘不过气,那他一定是没找准自己的定位。

聪明的男人,不仅要会"灭火",更要会"防火"。从一开始,他就应该确立好原则。

首先,一定要以小家庭优先;其次,夫妻之间的事情,最好由夫妻二人说了算,婆婆的意见只作为参考。

做到这两点,就能把小家庭和大家庭分开,帮助婆婆退出小家庭生活。

除此之外,夫妻之间应该达成共识:如果矛盾不涉及原则性问题,可以尽量顺着老人,因为这是作为子女的孝心体现;如果涉及原则性问题,就一定要把话说清楚。

把这几个规则确立好，就能有效避免婆媳冲突。而婆婆在一次次"碰壁"后，也能看清边界，摆正自己的位置。

当婆媳发生矛盾时，老公应该站出来，拿出自己的担当。真正的好男人，既不会让自己的妻子变成"狠儿媳"，也不会让自己的妈妈变成"恶婆婆"。

3. 日子过不下去，就该离婚吗？

我曾经采访过很多相处非常和谐的夫妻，问他们有没有想过离婚，超过一半的人给了我肯定答案。再问他们是什么时候想离婚，回答就五花八门了：某一次疲惫不堪时的洗碗、某一次困到眼睛都睁不开时的喂奶、某一次争吵后的冷战、某一次失眠时伴侣的呼噜声……

不管婚姻看起来多么幸福，离婚的念头都有可能在夫妻之间产生。

有人说，离婚的念头一旦产生，就很难消灭，最终大概率会导致离婚。那是因为我们只是任由念头积攒，而没有找到解决问题的方法。有些时候，提离婚只是一种试探，或是为了宣泄自己积攒已久的压力；有些时候，提离婚是对关系的一种拯救，会让双方开始正视危机。

其实，在"想离婚"到"该离婚"之间，还有很长一段距离，如果被离婚的念头压得喘不过气，那你需要给自己设置一个"离婚冷静期"，重新审视两个人的关系，看是不是真到了过不下去的地步。

你以为的"想清楚了"，
可能只是一时冲动

我相信没有一个人在把"离婚"说出口时，是没事开玩笑的。提出来就一定有原因，但原因是否严重到要离婚，还有待商榷。

在我接触过的咨询里，想离婚的原因大致分为三种。

第一种多见于年轻的夫妻。两个人在相处过程中遇到了一点小事，没想到引发了激烈的争吵，谁也不想退让。一个我的来访者给出的想离婚的原因是：谁还不是自己父母的宝贝，凭什么我要在他这里受气？

这其实就是典型的冲动。结婚前，两个人没有形成足够的处理冲突和解决问题的能力，一旦产生冲突，就下意识地通过放弃婚姻来回避。

不过，这种冲动也好解决。婚姻初期的情感还很浓烈，往往当事人冷静下来，就会发现爱其实还在。自己复盘，或者在专业人士的帮助下找到"积极暂停"的方法，及时修复感情，就能在磨合过程中找到突破口，让两人的关系更亲密。

第二种是婚姻存续时间较长的中年夫妇。两个人之间可能积累了太多委屈，让人身心俱疲，最终有了"我受够了，我要离婚"的想法。

想离婚的那个人复盘自己内心的不满之后，就觉得自己想清楚了，其实，这不过是另一种冲动。很可能他只想清楚了情绪层面的问题，没展开去想更多关键的问题，比如自己的为人处世有没有问题，有没有考虑清楚离婚对孩子的影响，婚内养成的习惯对离婚后生活的影响，等等。

你以为的想清楚了，可能也是冲动之下对问题的回避。

第三种是经历过伴侣背叛，一气之下离婚的人。出轨的冲击力很大，被背叛的一方往往很难恢复平静。处在应激状态下，被背叛的一方有离婚的想法非常正常。此时，背叛虽已发生，爱却不会一下子消失，人往往沉浸在眼前的爱恨纠缠中，很难做出理智的决定。

我在前面也说过，出轨确实表示婚姻出现了问题，但不代表应该离婚。

判断该不该离婚，不仅要考虑感情因素，还得理性思考。我们可以从以下两个方面来衡量你们的关系是不是真的到头了。

一是双方是否已经丧失合作的意愿。婚姻在某种意义上就是两个人之间的合作，合作意愿一旦消失，婚姻可以说是名存实亡了。

二是"情感账户"中是否还有余额。你可以看看相处中积攒的信任、情感是否已经透支。当你觉得跟伴侣在一起只剩下负面感受，那么关系确实没有继续的必要。

其实，大多数的离婚念头是在帮助你重新认识你和伴侣的婚姻关系。

在离婚冷静期全面审视婚姻

全面审视婚姻，需要"三看"。

首先，看过去。看在你们相伴的时间里，关系是如何变化的。你可以问自己几个问题：

> 现在相看两厌，那当初结婚时你们相爱吗？
> 进入婚姻是你们自己的选择吗？
> 结婚的几年，你们双方为婚姻投入了什么？
> 你们在互相鼓励、支持的情况下做过什么事？

问题的答案就藏在你们婚前的感情基础以及婚后"情感账户"的储蓄中。问过之后，也许你会发现，对方并不像你想象的那么糟糕，不管贡献有多少，你们都曾为幸福生活付出过。

其次，看现在。离婚念头的产生，必然伴随着沟通障碍，矛盾有时候就藏在你们的相处模式中。

美国华盛顿大学心理学教授约翰·高特曼在对家庭关系的研究中，总结出婚姻中的四种破坏性行为，分别是：指责、蔑视、辩护、冷战。

吵过架的人都知道，这四种行为往往相辅相成，每一种都有很强的伤害性，尤其以蔑视最为打击人。有很多人都是在"你是不是看不起我"的心理感受下，变得暴怒，以至于产生难以消弭的隔阂的。

放任这四种行为在婚姻里出现，离婚的概率就非常大。究其原因，是沟通方式出了问题。如果你们的"情感账户"没出现赤字，那不妨学习一下非暴力沟通。离婚是不得已的选择，在能挽回的时候，先别着急放弃。

最后，看未来。在这个部分，需要核实两件事：你们的婚姻目标是否还能达成一致，你们是否还有共同努力的意愿，而不是消极地认为"就这样吧，爱咋咋地"。

这两点要落到生活中进行具体考量。比如，你想要的生活条件，以目前的经济基础，以及今后规划投入的时间和精力，是否能实现。再比如，你想要的夫妻感情，是相互陪伴过安稳日子，还是并肩作战拼一个更好的未来。

目标不一致，再努力结果也可能南辕北辙，而有了既定目标，却没有动力去实现，那关系也会停滞不前。当两点都具备的时候，眼前的困难就只是生活的一道坎，并不影响婚姻的整体走向。两个人携手跨过这道坎，以后的关系就会更紧密。

看这三点，不是为了阻止你离婚，而是希望你冲动时能真的冷静下来，感情有裂痕时能及时修补。

修复感情，怎么才算是尽人事

婚姻生活不是一帆风顺的，你和伴侣一定遇到过不少困难。没有一个问题是白解决的，你过去为改善婚姻关系所做的努力，如果有效，就可以当成后续解决问题的参照。

明白这一点，你就看到了自己身上的能量，能够保持积极的心态去投入努力。修复关系总需要有人先迈出一步，而人能控制的往往只有自己，所以，可以从改变自身开始做起。

先停止那些伤害关系的行为。在找到更好的解决方式之前，搁置问题也是一个止损的好选择。

接下来，反思一下自己。你想得到怎样的对待，就要怎样去对待你的伴侣。

把"不得不"变成"我选择"。这个改变的作用很强大，在化被动为主动的同时，可以把消极情绪变成积极情绪，做事的价值感和成就感也会得到提升。比如，之前你不得不早起半小时为伴侣做饭，现在，你选择早起为伴侣做饭，是因为你想给对方爱与支持。

改变能改变的，接受不可改变的。当你决定继续你的婚姻时，要学会辨别哪些东西可以改变。一个人的性格可能很难改变，但改变说话方式，显然更容易。改变你能改变的地方，完成你的个人改造计划，你会惊讶地发现，当你从厌烦、指责，变得温柔、平和时，对方也会更容易接受你。

其实，修复一段关系，也是在重建自己。经营婚姻，需要找到一个长期意义，做什么、怎么做可能是次要的，作为妻子或丈夫的成就感才是最重要的。

尽人事，就是在挖掘婚姻的意义，它让我们在面对问题时更加积极，面对结果时更加冷静。

4. 到底是你变了，还是对方变了？

"为什么人结婚以后会变？"这是我在咨询的时候经常听到的一个问题，伴随这个问题出现的大多是一些埋怨，比如：

> "恋爱时他每天送我上班，接我下班，现在很少管我了。"
> "刚结婚那会我生气他会花很长时间来哄我，生孩子之后他就变得没耐心了。"
> "结婚前老婆阳光开朗，婚后慢慢变成了'唠叨婆'。"
> ……

有意思的是，好的变化发生时，我们会认为是理所当然。但坏的变化发生时，哪怕是一件小事，都会让很多人焦虑，如临大敌，认为对方不爱自己了、结了婚就不珍惜自己了。很多人把变化解读为婚姻危机的信号，还把责任甩给对方，觉得自己没变，是对方变了才让问题出现。

我觉得，与其思考"为什么人结婚以后会变？"这个问题，不如先承认一个事实：世界上唯一不变的，就是变化本身。

变化是一定的

改变是婚姻中的必然现象，因为人在成长，环境也在变化。

从恋爱到结婚，再到生子，一定对应着生活状态的变化。从青年到中年，再到老年，生理和心理的变化也在同步。虽然这个道理人人都知道，但为什么我们还是那么害怕另一半变了呢？

因为在充满不确定性的人生里，我们对婚姻抱有"确定性"的美好期待，所以，一点风吹草动，都会让我们产生应激反应，比如害怕爱消失，害怕即将要面对的未知。可以说，害怕改变是人的一种天性。

尤其是当婚姻中的一方一直原地踏步时，伴侣的变化就是极大的不稳定因素，因为停留在原地的一方会觉得，只有维持不变，才能让感情延续下去。但其实，我们20岁时会因为某个理由爱上一个人，在30岁的时候，很可能会因为同样的理由而想要离开一个人。

如果非要要求一切如初，那你一定会发现，影响婚姻关系的，不是变，而是强求不变。在不断变化的环境里，坚持不变是在错误的方向上坚持自我。

> 阿豪在认识老婆之前，倡导自由的生活，两人谈恋爱时也是游山玩水四处转。结婚后，还没准备好要孩子的两个人，突然迎来了一个新生命。一时间，他们的生活节奏被意外打乱，压力和焦虑席卷而来。阿豪觉得，让自己心灵获得宁静的方法只有坚持原来的生活。孩子出生后，他没有任何改变，没有负起父亲的责任。他的不改变，让老婆最终下定决心离婚。离婚后的阿豪并没有感到自在，因为他毕竟是孩子的父亲，他是不可能不管的。

阿豪的例子虽然比较极端，却也反映了某些想在婚姻里维持原状的人的状况。在已经变化了的人生道路上，改变自己并不意味着妥协，而是你对自己选择进入婚姻这个决定的尊重。

当生活的负担越来越重，我们不得不承担各种原来不必承担的责任时，改变反而是在适应婚姻的不同节奏，是成熟和勇敢的表现。

如果你觉得老公不如原来对你好，那是不是因为他把更多的精力放在了工作上，想给你创造更好的物质条件呢？当你觉得老婆不如原来温柔，那是不是因为她不得不通过唠叨来化解琐碎的家务活给她带来的不快？

所以，仅凭对方在生活细节上的表现就说对方变了，是没有说服力的。

让已经改变的人再变回来，是妄想

有些改变是有客观原因的，一般发生在重大事件之后，比如家里经济突逢变故，或有人出现严重的健康问题。这类改变有客观原因，两个人能相互理解。

还有一种是潜移默化的改变，你可能无法找到一个确切的引起对方改变的时间节点或事件，但就是发现对方跟原来不一样了，你找不到原因，于是把问题原因归结到对方头上。事实上，一个巴掌拍不响，伴侣身上发生的变化，大概率跟你有关。

一个越来越懒的丈夫背后，往往都有一个包揽家务的妻子；一个喋喋不休的女人背后，往往都有一个习惯回避问题、善用冷暴力的男人。

这种情况下，要求对方改回去，是最不切实际的。网络上有一句被很多人认同的话："改变自己的是神，改变对方的是神经病。"也许你觉得委屈，凭什么两个人的关系，要一个人去改变？可在婚姻里，往往就是谁更在乎关系，谁更需要和谐，谁更依赖稳定，谁就得做出改变。而且，改变只能是自愿的，强迫只会适得其反。

不过，你也不必气馁，改变这件事情有时候很神奇，只要一个人开始改变，就有可能带动另一个人也发生改变。

如何应对婚姻中的变化

婚姻中的改变，只有被动改变和主动改变两种。能把婚姻经营好的人，一定是能随机应变、不断适应变化和成长的人。如果你是带着跟伴侣相伴一生的态度进入婚姻的，那你必须做好重塑自己的准备。

与其沮丧、抱怨、怀疑，不如调整心态，改变自己，掌握主动权。主动改变是非常勇敢的表现，因为你在尝试突破旧的自己，以幸福为目标，去解决关系中的问题。

用积极的方法往好的方向改变，才能及时止损，让关系重回正轨。

如果伴侣原本改变的方向就是好的，那么你需要做的，不是把对方拉回来，以缩小你们之间的距离，缓解自卑，而是应该提升自己，追赶上对方的脚步，与伴侣一起成长，一起变得越来越好。

接受改变、主动改变、学会在改变中成长，不仅能让婚姻更稳定、更幸福，也会让自己成为更有价值、更称职的伴侣，过更有意义的生活。